RELAÇÕES PERIGOSAS

RELAÇÕES PERIGOSAS

SYLVIA JANE CRIVELLA
ELIANA OVALLE

2ª edição

LeYa

Este livro foi revisado segundo o Novo Acordo Ortográfico da Língua Portuguesa.

Edição e produção editorial: Anna Beatriz Seilhe | Oliveira Editorial
Revisão: Daniel Borges
Diagramação e capa: Filigrana
Imagem de capa: Rachel Crivella

CIP-BRASIL. CATALOGAÇÃO NA PUBLICAÇÃO
SINDICATO NACIONAL DOS EDITORES DE LIVROS, RJ

C949r
2. ed.
Crivella, Sylvia Jane
Relações perigosas / Sylvia Jane Crivella, Eliana Ovalle. – 2. ed. – São Paulo : Leya, 2017.
144 p.

ISBN: 9788544105757

1. Ficção brasileira. I. Ovalle, Eliana. II. Título.

17-41361 CDD: 869.93
CDU: 821.134.3(81)-3

Editora Casa da Palavra
Avenida Calógeras, 6 | 701
20030-070 – Rio de Janeiro – RJ
www.leya.com.br

SUMÁRIO

VERÃO

OUTONO

INVERNO

AGRADECIMENTOS

Antes de tudo e de todos, agradecemos a Deus Pai por nos permitir escrever este livro. Ele é a nossa maior fonte de inspiração, pois nos move na direção da luz. Nossa oração é que este trabalho possa de alguma forma apontar novos e verdadeiros caminhos.

Fizemos este livro com muito carinho. Realizamos algumas entrevistas com amigas que gentil e corajosamente nos confiaram seus relatos. Por questões óbvias, iremos resguardar suas identidades. Mas, a cada uma delas, nosso MUITO OBRIGADA!

Queremos agradecer também a Juliana Machado, uma brilhante estudante de odontologia que nos forneceu detalhes pertinentes ao curso e que nos permitiu enriquecer nossa narrativa. Agradecemos também à querida amiga Patrícia Hengstler, técnica em enfermagem, e à extraordinária enfermeira autodidata Maria Helena, que cuida em tempo integral de sua amada filha Daniela e que muito nos ensina com sua incansável dedicação. Ambas nos deram conteúdo para a nossa personagem que trabalha na área da saúde. Vocês são demais!

A todas essas mulheres, e àquelas que se identificam de alguma maneira, dedicamos este trabalho, com muito amor, respeito e admiração. Continuem sendo essas mulheres guerreiras, que aprenderam a tirar da fraqueza a força e assim conseguem ajudar tantas outras pessoas.

Um beijo!

Sylvia e Eliana

APRESENTAÇÃO

Querido leitor,

Em suas mãos está uma obra de ficção cujos relatos foram inspirados em histórias reais. Nosso trabalho tem como pano de fundo as quatro estações – primavera, verão, outono e inverno –, pois acreditamos ser necessário um tempo mínimo (consideramos 1 ano) para se conhecer um pouco a pessoa com a qual desejamos ter um relacionamento. Muitos têm se precipitado em assumir um compromisso e, assim, trazido sobre si muitas dores.

Embora os vilões de nossa história sejam do sexo masculino, isso não significa necessariamente dizer que seja sempre este o caso. Contudo, as estatísticas demonstram que as mulheres são as maiores vítimas de crimes passionais. E o objetivo deste trabalho é, pelo menos, despertá-las para os perigos que se apresentam, na maioria das vezes, de forma enganosa. Afinal, todo relacionamento humano é repleto de conflitos, mas há certas "bandeiras vermelhas" que não podem ser desprezadas. Com o intuito de ajudar, principalmente as mulheres, a evitarem certas situações, traumas e sofrimentos, resolvemos escrever este livro.

Abordaremos temas como: superproteção, baixa autoestima, aparências, drogas, rejeição, depressão, bipolaridade, mau-caratismo, aborto, pedofilia, dependência virtual, entre outros. Em nossa vivência e convivência com mulheres incluídas e excluídas, percebemos que tais assuntos são mais comuns do que se imagina, em todas as classes sociais.

Nosso desejo é que a leitura deste trabalho seja mais do que uma mera distração, que incite em cada um de nós a coragem para denunciar qualquer indício de abuso, negligência ou maus tratos, e também a coragem para romper o silêncio. Que possamos abraçar os que sofrem e ajudá-los a escreverem uma nova história de vida.

Boa leitura!

Deus a abençoe!

Sylvia Crivella e Eliana Ovalle

PREFÁCIO por Maria Araujo

Existem momentos em nossas vidas que as esperanças se reforçam em meio às dúvidas sobre a evolução feminina e suas reais conquistas no mundo contemporâneo.

Relações perigosas, de autoria de duas amigas queridas, Sylvia Jane Crivella e Eliana Ovalle, descreve a trajetória de quatro personagens femininas em situações semelhantes às vivenciadas por nós ao longo das nossas vidas, ou por nossas mães, filhas, avós ou conhecidas. Envolve os conflitos e as dificuldades que encontramos em diferentes classes sociais, problemas relacionados às escolhas que fazemos.

Suas histórias nos fazem refletir sobre traições, dores, alegrias e perdas, sobre a real força feminina e a reafirmação do amor e da fé em milagres. Cada personagem nos emociona com sofrimentos, angústias e perdas que acontecem quase que diariamente em nossa sociedade ainda machista. E, apesar de tudo, elas tiveram que se adequar ou lutar duramente nessas situações inimagináveis. Ao mesmo tempo, Sylvia e Eliana nos apresentam a coragem dessas quatro mulheres ao retomar para si as rédeas de seus destinos com muita fé e esperança, ingredientes necessários para o restabelecimento da confiança e a felicidade do ser humano.

Este livro é também uma grande reflexão sobre esse novo olhar masculino que começa a despontar nos tempos atuais. São novos personagens que nos enchem de orgulho porque demonstram o desejo ao absorver o outro sexo como igual, aceitando e respeitando sua evolução e o merecido direito feminino nas funções que desejem se ajustar, seja sendo mãe, dona do lar ou uma profissional através de ensinos técnicos ou superior. Esses direitos foram conquistados nessa longa caminhada de lutas e sofrimentos para finalmente obtermos o reconhecimento em todos os setores da sociedade pública e privada; uma conquista verdadeira para nos tornarmos um ser humano completo, independente de diferenças de sexo, raça ou credo.

Sylvia e Eliana criaram uma narrativa que mostra exemplos de coragem, de superação. Elas permitem a reflexão sobre os caminhos para outras mulheres que, de alguma forma, estejam em situações semelhantes, para que possam romper o silêncio, exterminar seus fantasmas e adquirir a cura interior.

Como artista plástica, encontrei neste livro um caleidoscópio de inspirações para criar obras com nuances e cores de acordo com o estado emocional de cada personagem. Cada uma poderia inspirar o olhar dos mestres Leonardo da Vinci ("Mona Lisa"), Sandro Botticelli ("O Nascimento de Vênus"), Gustav Klimt ("Mother and Child"), e até mesmo o meu ("Concepção").

Relações perigosas é denso como bem comprovei ao folhear cada página. As autoras tiveram o embasamento necessário e a competência para entender a alma humana por suas atuações na vida profissional e familiar. Com certeza, é uma leitura enriquecedora pelos fatos narrados, que nos fazem refletir o que mudou no imaginário feminino do século XXI.

Maria Araujo, natural da cidade de Natal, no Rio Grande do Norte, e radicada no Rio de Janeiro, fez licenciatura plena nas artes e pós-graduação em gestão e produção cultural na FGV/RJ. É membro do Conselho Consultivo Fiscal da UBE/RJ, membro do IADB, REBRA, BPW, além de artista, professora e escritora. Seu trabalho de conclusão de curso resultou no livro *Edifício Seabra* lançado em Paris e premiado em Goiás como melhor documentário. Participou de doze antologias nacionais e internacionais, foi laureada pela Socitè d'Encouragement au Progrès no Senado francês e recebeu três Monção de aplausos na Câmara dos Vereadores por bons serviços prestados às artes e à literatura, mobilizando doações de livros para escolas de comunidade. Doou a tela "País de Mossoró" para resgatar fundos para biblioteca do Município de Mossoró, em seu estado natal. É membro do grupo Transformando Meu Quadrado, formado por mulheres integradas no trabalho social criado pela primeira-dama Sylvia Jane Crivella, e está mobilizada na construção do Espaço Cultural Nelson Seabra, com data prevista para inauguração em setembro de 2017.

PREFÁCIO por Luciana Jacques

"Sua visão se tornará clara apenas quando você olhar para dentro do seu coração. Quem olha para fora, sonha. Quem olha para dentro, acorda." – Carl G. Jung

Somos feitos de histórias. Histórias contadas, lidas ou ouvidas, fazem parte da tradição humana como forma de transmitir ensinamentos e compartilhar experiências. Já contar boas histórias (principalmente as escritas), reais ou imaginadas, é uma arte que se revela no dom de atrair a atenção desde o início da leitura, de manter o interesse do leitor ao longo da narrativa e de levar à reflexão ou provocar mudanças no final do livro. Eliana Ovalle e Sylvia Jane Crivella nos presenteiam com esta arte nas histórias que contam no presente livro, nos mostrando sua familiaridade com os temas abordados quando, inspiradas em histórias de mulheres reais, criaram personagens e enredos que nos envolvem do começo ao fim, trazendo sempre a esperança em um futuro melhor a cada história.

Tive a felicidade de conhecer as autoras ao participar de algumas edições do Programa Elas por Elas, comandado pela dupla. É possível perceber, muito rápido, porque o lema do programa é "a mulher em primeiro lugar": toda semana, as anfitriãs recebem convidadas para debater temas da atualidade relevantes para o universo feminino e conduzem as conversas de forma simples e acolhedora, como se estivéssemos em sua sala de visitas, sem perder de vista o respeito e a seriedade que os temas exigem e as ouvintes merecem. É visível o compromisso que assumem em levar conhecimento de qualidade e empoderamento a tantas mulheres, não só no programa, como em outros projetos que coordenam e de que participam. São duas mulheres fortes, que se lançam de coração aberto em tudo que fazem e deixam marcas de afeto em quem cruza seus caminhos por onde quer que passem. Impossível não ser contagiada pela suavidade envolvente de Sylvia e a energia vibrante de Eliana! Ficar amiga delas se tornou uma consequência natural do nosso convívio. Ser convidada para escrever esta apresentação muito me honra pelo reconhecimento e carinho que expressam. Minha gratidão pela confiança!

De leitura fácil e agradável, este livro nos faz um chamado para refletir sobre como nossas escolhas amorosas se articulam com nossas histórias de vida. Sempre queremos relacionamentos que nos fazem bem, mas muitas vezes não percebemos que nos entregamos a parceiros que não cumprem esse papel, repetindo um padrão já conhecido, mesmo quando tentamos nos esquivar por medo desta repetição. Nos iludimos acreditando que “é impossível ser feliz sozinho”, como disse nosso poeta Vinicius de Moraes. Esta crença é reforçada por vários filmes e músicas na nossa cultura, como se nossas vidas só tivessem sentido ao sermos amados por um companheiro. Ledo engano! Ser feliz ou infeliz só depende de nós mesmas, das atitudes que tomamos diante das consequências de nossas escolhas. Também não somos princesas indefesas que precisam ser salvas pelo príncipe encantado, como tantas vezes ouvimos nos contos de fadas. Podemos assumir a responsabilidade por nossas próprias vidas, sendo nossas próprias salvadoras, cultivando nossa autoestima e nos tornando boas companhias para nós mesmas. Só assim estaremos preparadas para reconhecer o que nos faz bem e rechaçar o que não nos faz bem no campo afetivo.

Assim, as autoras nos brindam com histórias densas contadas com sensibilidade e leveza, nos lembrando de que saímos fortalecidas das situações difíceis em nossas vidas, por mais que tenhamos sofrido e nos decepcionado com as expectativas que depositamos nos outros. Que sempre contamos com o apoio da família – muito bem representadas pelas figuras maternas – e dos amigos para nos reerguer. Que podemos buscar ajuda profissional para entender nossas perdas, curar nossas feridas emocionais e aprender a cuidar de nós mesmas. E, principalmente, que encontramos no caminho espiritual o verdadeiro sentido para nossas vidas.

Sou Luciana Jacques de Moraes, carioca com ascendência mineira. Meus avós, cada qual a sua moda, gostavam de cultuar as tradições e valores de sua gente, de contar histórias de sua terra, de ensinar brincadeiras de sua época. Aprendi com eles, e com meus pais, a respeitar as diferenças, desenvolver minha curiosidade e experimentar várias possibilidades, tanto na teoria quanto na prática, antes de fazer escolhas. Sempre procurei, também, estar em sintonia com minhas necessidades, meus desejos e interesses, enquanto profissional e ser humano – duas faces que compõem e se integram em um amplo caleidoscópio existencial. Isto foi possível não só a partir de cursos teórico-técnicos, em que pude me atualizar, conhecer novos referenciais e ressignificar os conhecimentos adquiridos, como também através de trabalhos de terapia pessoal, buscando, a cada momento, avaliar o que aprendo, aprofundar meu autoconhecimento e melhorar meus vínculos interpessoais. Na esfera familiar, encontrei um grande amor, com quem me casei e pude vivenciar, durante mais de trinta anos de relacionamento – entre namoro e casamento, momentos de encontros e desencontros, que me mostraram o que faz bem e o que não faz bem em um relacionamento a dois. Assim, há alguns anos a vida nos levou para caminhos de evolução distintos e nos divorciamos. Durante o casamento, fomos abençoados com uma filha, motivo de imensa gratidão por me possibilitar, como mãe, inspirar e ser inspirada a ser uma pessoa melhor a cada dia. Hoje, sou também avó coruja de dois lindos meninos, fonte de amor e alegria inesgotáveis. No campo profissional, cursei psicologia na PUC/RJ, tendo colado grau em bacharelado e licenciatura. Para aprofundar meus conhecimentos e experiência, busquei especializações em: teoria e técnica psicopedagógicas no CEPERJ/RJ; terapia de família no Instituto Mosaico/RJ; saúde mental e desenvolvimento infantojuvenil na Santa Casa da Misericórdia do Rio de Janeiro; psicologia clínica na Abordagem Gestáltica no ICGT/RJ. Atualmente, curso formação em constelações familiares e compreensões sistêmicas no Instituto Ir Além/RJ. Também procurei participar de vários cursos de atualização, tanto teóricos quanto vivenciais: orientação vocacional no CRP/RJ e na Mago Psicotestes/RJ; princípios de psicofarmacologia infantojuvenil no CRP/RJ; "Entrando al Nuevo Milenio", no The Minuchin Center for the Family, em Nova York; "Corso Intensivo in Terapia Familiare", na Accademia di Psicoterapia della Famiglia, em Roma; "O amor a dois – uma porta que abrimos para a felicidade", no Instituto Ir Além/RJ seminário sobre nascimento, amor e relacionamentos, com Bob Mandel, no Rio de Janeiro; entre outros. Minha atuação profissional está voltada para as seguintes atividades, desenvolvidas particularmente, sozinha ou em parceria com colegas-amigos, e em projetos assistenciais como voluntária: psicoterapia e psicopedagogia clínica com crianças, adolescentes e adultos; orientação vocacional com adolescentes e adultos; terapia familiar e orientação familiar em psicopedagogia e psicoterapia; supervisão e consultoria em psicoterapia, psicopedagogia e terapia familiar; docência em cursos de pós-graduação de psicopedagogia e em cursos de atualização de psicoterapia, psicopedagogia e terapia familiar; palestras sobre temas de psicoterapia, psicopedagogia e terapia familiar. Por acreditar que nada se constrói sozinha, organizei e coordenei por 7 anos, em parceria com Vera Beatriz Nunes, a Clínica Terapêutica Social, na Igreja de Santa Cecília, no Rio de Janeiro. Também tive a oportunidade de integrar a diretoria das Associações de Classe de Psicopedagogia (ABPp/RJ) e de terapia de família (ATF/RJ) em mais de uma gestão. Fui convidada a escrever um artigo do livro *Psicologia: Campo de atuação, teoria e prática* (organização de Cynthia Ladvocat; Booklink Publicações; 2010), que recebeu o título de "A clínica na escola: uma prática possível". E não pretendo parar por aí, pois acredito ser fundamental aprender, evoluir, me conhecer, para poder transformar e ser transformada em contato com outros seres humanos.

PRIMAVERA

CAPÍTULO 1: O NOVO

"Todos os seus sonhos podem se tornar realidade se você tiver coragem para persegui-los." - Walt Disney

Era uma linda manhã de primavera! Na verdade, era o finalzinho do inverno, mas o ar de montanha trazia prematuramente o perfume dos jasmins, das rosas e dos eucaliptos. O sol frio, mas brilhante, realçava as cores das dálias, hortências e margaridas. A melodia dos pássaros se misturava com a algazarra das crianças voltando para a escola depois das férias. Era um ciclo que se repetia, mas, para Patrícia, uma jovem inexperiente e inocente, era o começo do novo. E, como tudo que é novo, trazia um misto de medo e ansiedade. Patrícia estava com as emoções à flor da pele.

A jovem de 18 anos, recém-completados, havia passado no Enem com excelentes notas, pois tinha estudado muito no cursinho. Sacrificara finais de semana, festas e passeios com os amigos para se dedicar aos estudos. Desde muito pequena, Patrícia sonhava em ser dentista. Finalmente, chegara o grande dia para ela tornar aquele sonho realidade.

De família de classe média, ela era a caçula de três filhos. Seus irmãos mais velhos sempre a superprotegeram, mas agora ela estaria por conta própria. Embora quisesse dar seu grito de independência, aquela nova etapa de sua vida lhe dava um frio na barriga. Afinal, teria que tomar as próprias decisões sem a proteção da família e arcar com as consequências dali para frente.

(A superproteção é nociva, pois deixa a pessoa em uma zona de conforto que lhe dá uma sensação de independência. Mas, ao precisar alçar o próprio voo, essa pessoa se vê insegura e fraca.)

CAPÍTULO 2: FORA DO NINHO

"Todo progresso acontece fora da zona de conforto."
– Michael John Bobak

A universidade para a qual Patrícia passara ficava na cidade vizinha, cerca de duzentos quilômetros de distância. Era uma cidade industrial e bem movimentada, muito diferente da sua cidadezinha natal. Ela teria que ficar em uma república ou em um internato. Seus pais preferiram que ela ficasse no internato, que era dirigido por freiras, e também porque as repúblicas tinham fama de liberdade excessiva. Além do mais, o internato ficava a poucos quarteirões da universidade.

Sua mãe a ajudou a colocar a mala e a mochila no porta-malas do carro. As duas foram na primeira parte do caminho em silêncio. Aquela separação era difícil para ambas, mas dona Matilde, ciente de que precisava dar força para a filha, quebrou o gelo.

– Filha, mamãe estará sempre aqui para o que você precisar. Basta ligar, que virei imediatamente. Você nunca estará sozinha. Também sentirei muito a sua falta, mas quero que saiba que estou muito orgulhosa de você.

As lágrimas quentes inundaram os olhos de Patrícia. O que ela queria agora era voltar a ser aquela menininha que sentava no colo de sua mãe quando se sentia assustada.

Já na entrada da cidade, ficou claro que o lugar era bem agitado. Muitos caminhões de entrega engarrafavam a estrada. Verdadeiros formigueiros humanos emanavam dos portões das fábricas. Havia muitos *outdoors* com propagandas, muitas pichações nos muros e tapumes de construções. Aquela primeira impressão não foi das melhores para Patrícia. Ao entrar na avenida principal, ela percebeu o extraordinário número de jovens andando pelas calçadas, sentados às mesas dos bares, conversando nas esquinas... Afinal, era uma cidade universitária. A maioria deles vinha de outras cidades.

O internato ficava em uma rua paralela à principal, que era bem mais tranquila. O casarão era uma construção antiga e bem-conservada. Após estacionarem o carro, Patrícia e sua mãe subiram a escada de mármore gasto, mas extremamente branco, até o saguão de entrada. As irmãs do internato não vestiam o hábito, mas se apresentavam de maneira modesta e com asseio.

Embora fosse muito antigo, tudo no internato era impecável. O quarto era pequeno e simples, mas limpo e arejado. Patrícia dividiria o espaço com outra moça, que ainda não tinha chegado. Então, escolheu a cama e o armário. Sua mãe a ajudou a arrumar tudo no domingo à tarde, pois segunda-feira bem cedo começaria sua aventura.

Na hora da despedida, Patrícia segurou a emoção. Afinal, eram pouco mais de duzentos quilômetros que as separariam. Ela prometeu ligar todos os dias para a mãe. Elas se abraçaram, se beijaram e se despediram. Ver a figura da filha pelo retrovisor ficar cada vez menor foi algo que só uma mãe que já vivenciou isso pode entender. Patrícia estava finalmente fora do ninho.

CAPÍTULO 3: OLHOS MÁSCULOS

"Você é livre para fazer suas escolhas, mas é prisioneiro das consequências." – Autor desconhecido

Naquele pequeno quarto de internato, Patrícia entendeu pela primeira vez na vida o sentido da palavra solidão. Sua mente a transportou para casa. Ela podia ver sua família se despedindo para dormir e até ouvir suas vozes! Ela, que tantas vezes reclamara com a mãe para redecorar o quarto, o achava lindo agora, comparado a este do internato. A noite custou a passar e muitos pensamentos orbitavam pela cabeça de Patrícia, que acabou adormecendo nas primeiras horas da madrugada. Ela acordou com um susto e quase perdeu a hora. Tomou uma chuveirada rápida, escovou os dentes, se vestiu e saiu sem tomar o café da manhã.

Acanhada, Patrícia atravessou os imensos portões de ferro da universidade católica. Era um mundo muito diferente da escola e do cursinho de sua cidade. Ela foi direto ao mural de avisos para ver onde seria a sua primeira aula. Teve um pouco de dificuldade em se situar no mapa do mural. Viu que a aula de anatomia seria no pavilhão 3, do outro lado do *campus*. A aula começaria em quatro minutos e ela não queria se atrasar logo no primeiro dia.

Quando percebeu que estava distante, resolveu dar uma corridinha. Acabou tropeçando na raiz de uma árvore centenária, ralando os joelhos no caminho de brita moída e esparramando todo o seu material pelo chão. Um rapaz alto e bem-apessoado foi ao seu socorro. Ele a ajudou a se levantar, segurando com firmeza o seu braço. Ruborizada e com o coração a mil, Patrícia agradeceu, recolheu suas coisas e prosseguiu em direção ao pavilhão 3 de cabeça baixa, mas com o olhar daquele rapaz gravado em sua mente. Eram olhos profundos e másculos.

CAPÍTULO 4: GILBERTO

"Quem vê cara não vê coração." – Ditado popular

A sala de aula estava lotada e Patrícia só conseguiu lugar na última fileira. Sentou-se e tentou se acalmar, pois seu coração ainda estava acelerado, e sua respiração ofegante. O rapaz na cadeira ao lado percebeu e tentou fazer uma brincadeira para descontraí-la. Ela lhe deu um sorriso amarelo e colocou seu material em cima da mesa como se levantasse um muro de proteção.

Patrícia passou as quatro horas seguintes tentando se concentrar, mas aqueles olhos provocantes não saíam da sua cabeça. A aula de anatomia parecia ser muito interessante, mas Patrícia conseguiu anotar pouca coisa.

Durante o intervalo, seu companheiro de curso tentou outro gesto de amizade e a convidou para almoçar no refeitório do *campus*. Seu nome era Gilberto. Ele era filho do pastor da Primeira Igreja Batista da cidade e tinha ido muito bem no Enem. Seu pai, além de pastor titular, era também dentista. Gilberto tinha apenas uma irmã, casada, que morava fora do país. Embora fosse um rapaz extrovertido, ele não possuía o tipo de beleza física que atraísse o interesse das moças, como acontecia com a maioria dos estudantes de odontologia. Ele usava óculos com lentes fundo de garrafa e aparelho ortodôntico. Não tinha porte atlético e sofria de acne. A única coisa que chamava a atenção era ele parecer muito feliz e de bem com a vida.

Patrícia aceitou o convite por educação, mas o acompanhou olhando para todos os lados, tentando reencontrar seu "salvador". Gilberto reparou e perguntou se ela estava procurando alguém. Envergonhada, ela respondeu que só estava observando o local. Mas, no refeitório, seus olhos não paravam de escanear todo o recinto e cada rapaz que entrava.

Gilberto procurou ser o mais descontraído possível e falou do seu grande sonho: ser dentista e trabalhar nos lugares mais pobres do país. Ele sentia que essa era a missão de sua vida. Disse que a saúde começa pela boca e que, se as pessoas entendessem isso, muitas vidas seriam salvas, porque algumas infecções, como a endocardite bacteriana, podiam até matar.

Patrícia ouviu o colega com certa desconfiança, pois ela escolhera a mesma profissão para ter prestígio e dinheiro. Queria ser uma dentista nota dez, mas também queria ter muitas notas de cem reais na conta bancária. Quando era pequena, ficou encantada com o consultório luxuoso e tão bem-equipado de seu tio, e essa era sua visão e seu objetivo. Gilberto parecia não ter ambição própria e falava em ajudar os pobres como se fosse uma grande riqueza. Ele queria participar do Projeto Rondon como dentista voluntário.

O intervalo acabou, e os dois foram para o pavilhão 2, para a aula de histologia, em que estudariam a estrutura microscópica de tecidos e órgãos. A lista de material e instrumentos que precisariam adquirir prometia ser bem onerosa, já que alguns materiais eram importados da Alemanha. Gilberto contou que seu pai tinha contato com as principais empresas dentais do país e poderia conseguir preços melhores. Ele traria a tabela de preços no dia seguinte e Patrícia poderia fazer uma consulta on-line. Só o atlas de anatomia custava uma pequena fortuna! Os pais dela não eram ricos, mas queriam que a filha tivesse tudo que fosse necessário para fazer um bom curso. Não iriam medir esforços.

Patrícia voltou para o internato no final da tarde, exausta. Não apenas por todas as informações do primeiro dia, mas também pelas emoções – aqueles olhos pareciam lhe perseguir.

CAPÍTULO 5: VANDA

"Falta de consideração é sinal de falta de educação."
- Reflexão das autoras

Patrícia acordou no dia seguinte bem cedo. Conseguiu ser a primeira a usar o banheiro, que ficava no final do corredor e servia a três quartos. Tomou banho e escovou os dentes. Voltou para o quarto de roupão e secou os cabelos com o secador portátil. Passou uma leve maquiagem, vestiu sua calça jeans e uma malha grossa. Havia uma espécie de código entre os alunos de odontologia: todos primavam pela aparência.

Depois de calçar as botas, pegou sua bolsa, fichário e livros e desceu para tomar café. As freiras preparavam um caprichado desjejum caseiro com pães, bolos, biscoitos, queijos, ovos, frutas, sucos, café, leite e chocolate. Patrícia estava com fome e lembrou que quase não comera nada no dia anterior. No refeitório com Gilberto, apenas beliscara a comida do bandejão, pois estava obcecada em rever o dono daqueles olhos que mexeram tanto com ela.

A irmã Inês avisou que Vanda, sua companheira de quarto, chegaria à noite. Parece que tivera um contratempo na estrada e estava chegando atrasada para as aulas. Os pais dela já tinham telefonado várias vezes para saber se a filha chegara.

Patrícia resolveu tentar esquecer aqueles olhos, por mais difícil que fosse, e se concentrar nos estudos. Mandou a lista dos materiais e os valores para os pais. Era tudo muito caro, mas seria impossível fazer um bom curso sem eles. O pai ligou à noite e disse que o dinheiro estaria na sua conta no dia seguinte.

Qual não foi sua surpresa ao entrar no quarto ao final daquele dia exaustivo e encontrar a cama ao lado ocupada por uma moça vestida com roupas extravagantes e dormindo profundamente? Era Vanda! Ela chegara à tarde e, pelo jeito, estava muito cansada, pois nem tirara as botas! As bolsas e a mochila estavam jogadas pelo chão e outros apetrechos estavam sobre a cama de Patrícia.

Tentando não fazer barulho, Patrícia pegou suas coisas e foi tomar um banho. Em consideração às outras moças, fez tudo o mais rápido possível. Estava exausta e não via a hora de cair na cama. Mas levou um tempo para adormecer, pois aquela respiração pesada na cama ao lado lhe incomodava bastante.

Nas primeiras horas da madrugada, Patrícia acordou assustada com uma gargalhada. Vanda estava ao telefone com alguém. Vendo que a companheira de quarto havia acordado, soltou um risinho sonso e estendeu a mão.

– Sou Vanda! E você? – Ela se despediu apressada de quem estava do outro lado da linha e desandou a falar mal do quarto e do internato. Patrícia ainda estava zonza de sono, mas percebeu pelas roupas de grife que Vanda vinha de família abastada.

CAPÍTULO 6: PACIÊNCIA TEM LIMITE

"A sua liberdade termina onde a minha começa."
– Ditado popular

Alguns dias se passaram, mas Patrícia ainda não se acostumara à presença de Vanda. Embora fosse muito extrovertida e desencanada, havia algo misterioso e perigoso na moça. Desde a sua chegada, Patrícia não teve uma noite de sono inteira e tranquila. Foi assim, cansada, que ela foi para aula prática de anatomia.

Na aula, eles lidariam com cadáveres de indigentes. Patrícia ficou chocada ao ver o pequeno corpo de uma menina de uns 5 anos todo encolhido em uma pia cheia de formol. Tinha que ter estômago e sangue frio, porque eles iriam dissecar os membros para conhecer músculos, nervos, tendões e tudo mais.

O professor de anatomia era um carrasco, que não tolerava as frescuras das meninas. O cheiro forte do formol embrulhou o estômago de Patrícia, mas ela se segurou, pois ouvira falar da fama do professor. Parecia um exagero os alunos de odontologia terem que ser submetidos àquelas coisas, mas fazia parte do currículo. Uma boa parte dos alunos descobria naquela fase que sua vocação era outra e acabavam mudando de curso.

Patrícia aguentou firme. Pensava no maravilhoso consultório do tio e dizia para si mesma: "Se ele conseguiu, também consigo." Agradeceu a Deus pela aula terminar logo, porque poderia ir mais cedo para o internato. Com certeza, Vanda ainda estaria em alguma aula naquela hora. Patrícia conseguiria dormir um pouco. Ela não via a hora de tomar um bom banho e tentar "lavar" todas as imagens e odores daquele dia.

Subiu as escadas e abriu a porta do quarto, mas qual não foi sua surpresa ao se deparar com Vanda e outra criatura do mesmo naipe deitada em sua cama, fumando um baseado! Aquele cheiro era insuportável!

Paciência tinha limite e a de Patrícia já passara do limite.

Ela perdeu o controle e começou a gritar com Vanda. O tumulto chamou a atenção das freiras e a irmã Inês foi imediatamente ver o que estava acontecendo.

Embora Vanda tenha apagado o cigarro e o escondido, o cheiro estava por todo o lado. A irmã Inês podia ser muito cândida, mas ninguém a fazia de boba, e ela deu um ultimato a Vanda. Se não se adequasse às regras do internato, a irmã teria que comunicar aos pais dela para que arrumassem outra acomodação para a filha.

CAPÍTULO 7: UM CONVITE

"Eu não sei a chave para o sucesso, mas a chave para o fracasso é tentar agradar a todos." – Bill Cosby

Após outra noite mal-dormida, Patrícia levantou exausta e se preparou para mais um dia de aula. Ela caminhou os poucos quarteirões até a universidade sem o menor ânimo, sentindo saudades de casa e da comida da mãe. Será que aguentaria até o final do curso?

Com todas aquelas lembranças e dúvidas povoando sua mente, quase não percebeu o rapaz que procurou por tantas semanas em frente ao grande portão de entrada da universidade rodeado por três moças que pareciam muito à vontade com ele.

O coração de Patrícia disparou e parece que o jovem percebeu. Ele olhou na direção dela e deu um sorriso que fez suas pernas tremerem. Ela até tentou retribuir o sorriso, mas tremia muito e sentia o rosto ficar quente. Se sentindo uma tola, se atrapalhou com o fichário e os livros que carregava, e tudo escorregou de suas mãos trêmulas e se espatifou no chão. Que ridículo! Ela se sentia uma idiota.

Não só o rapaz veio ao seu auxílio, como também as três moças que estavam com ele. Todos foram muito educados e a ajudaram a organizar os livros e papéis que caíram. Ele estendeu a mão e se apresentou com muita naturalidade. Márcio. Ele estudava administração. O pai dele era um grande empresário do ramo têxtil que sonhava torná-lo seu substituto.

Patrícia também se apresentou e disse que era estudante de odontologia. As três moças, quase que simultaneamente e sem prestar atenção a mais nada, a convidaram para uma festa. Seria no próximo final de semana e ela poderia levar quem quisesse. Na verdade, elas queriam que Patrícia as apresentasse aos rapazes do curso, que na maioria das vezes eram bonitões.

– Eu também vou! – avisou Márcio, olhando nos olhos dela.

Patrícia sentiu o coração batendo forte no peito. Ela respondeu, gaguejando, que gostaria muito de ir. Os quatro trocaram seus números de telefone e ficaram de combinar um local de encontro.

Não é necessário dizer o estado em que Patrícia ficou depois daquele encontro. Não conseguiu aprender nada na aula de bioquímica. Quando Gilberto perguntou se ela estava bem, Patrícia o afastou com um sorriso de desprezo.

CAPÍTULO 8: A FESTA

"Sempre que você se encontrar ao lado da maioria, é tempo de fazer uma pausa e refletir." - Mark Twain

O final de semana chegou e Patrícia estava nervosa, sem saber que roupa deveria usar na festa. Fora ao salão e estava com as unhas e o cabelo feitos. Optou por uma roupa mais moderna e despojada. Seu celular tocou e ela se surpreendeu ao ver que Márcio estava ligando. Ele falou que estava perto do internato e perguntou se ela queria uma carona até a festa.

– Se não for incômodo... – respondeu Patrícia, sem querer parecer muito atirada.

Dez minutos depois, Márcio estava em frente ao internato com sua Harley Davidson. Patrícia entrou em pânico quando viu a motocicleta. Ela nunca tinha andado em uma antes! Nem sabia como subir!

Márcio se divertiu com a inexperiência da moça. Ele subiu na moto e a instruiu a fazer o mesmo, avisando que ela deveria segurar na cintura dele. Aquele contato tão íntimo a deixou muito sem jeito, mas ela gostou de sentir tão de perto o calor e o perfume daquele rapaz tão charmoso.

O trajeto do internato ao local da festa não era tão longo, ficava em um sítio a poucos quilômetros da cidade. O medo de cair fazia Patrícia agarrar com força a cintura de Márcio, que se divertia com a situação.

Eles chegaram ao local, e havia muitos carros, motos e até bicicletas no estacionamento. O lugar fervilhava de jovens, e Márcio segurava a mão de Patrícia para que chegassem até uma mesa sem se perderem um do outro.

Quando encontraram as moças que a convidaram para a festa, ficou óbvio que elas ficaram desapontadas. Além de Patrícia chegar de mãos dadas com Márcio, ela não trouxera nenhum rapaz do curso de odontologia.

O clima ficou estranho, mas piorou com a chegada de Vanda, muito íntima de todos, principalmente de Márcio. Tanto a família de Vanda quanto a de Márcio era abastada, e conviviam há muitos anos. Márcio e Vanda se conheciam desde a infância e pareciam cúmplices com os sorrisos que trocavam. Na verdade, um se apegou muito ao outro devido ao distanciamento que sentiam dos pais, sempre envolvidos em eventos sociais e viagens. Eles tinham o que alguns chamam de amizade colorida, um relacionamento sem compromisso e repleto de transgressões de regras e leis. Gostavam de viver perigosamente. E a adrenalina parecia os impulsionar.

Patrícia tentou se convencer de que os dois não combinavam. O fato de ela ter suas reservas com Vanda não significava que com Márcio seria igual.

Rolou muita bebida e a música estava altíssima. Era difícil até ouvir os próprios pensamentos. Patrícia não estava acostumada com aquele tipo de ambiente. Para conversar, era necessário chegar bem perto da pessoa e falar no ouvido.

Patrícia ruborizava toda vez que Márcio, com seu corpo forte e musculoso, se aproximava dela para lhe dizer alguma coisa. Às vezes, a mão dele repousava na coxa dela, fazendo-a sentir coisas que nunca sentira. Para ele, tudo parecia muito natural; para ela, era muita intimidade para um primeiro encontro.

No auge da festa, umas mulheres com roupas provocantes passaram pelo salão com bandejas e coisas que pareciam confeitos. Todos na mesa de Patrícia pegaram um e engoliram com um gole de cerveja. Ela, não querendo parecer diferente, imitou o gesto. Mal sabia ela que tomava a sua primeira dose de ecstasy, uma droga sintética.

Pouco depois, sentiu um frenesi e uma energia descomunal. Foi para a pista de dança e dançou horas seguidas, até cair desmaiada por completa exaustão e desidratação. Quando voltou a si, estava na emergência de um hospital público, toda urinada, com vômito pela roupa e completamente sozinha.

Uma enfermeira austera apareceu e, antes de perguntar como ela estava, a repreendeu. Patrícia ainda estava muito zonza para entender o que estava acontecendo.

– Seus pais devem ter vergonha de você – ouviu a enfermeira dizer. Quando Patrícia ouviu a palavra "pais", começou a chorar. Sentia muita saudade de sua família.

Depois de preencher um formulário, recebeu sérias recomendações. Se aquilo acontecesse de novo, teriam que reportar na delegacia.

Patrícia foi andando até o internato, sem coragem nem de pegar um táxi por causa do próprio mau cheiro. A cada passo que dava, uma lágrima caía ao chão. Estava se sentindo péssima. E se sentiu pior ainda ao ver o carro de sua mãe estacionado em frente ao internato. Como explicaria o que houve?

A irmã Inês ficou muito preocupada com a demora de Patrícia em voltar e ligou várias vezes para seu celular, que dava apenas caixa postal. Então, resolveu notificar a família.

CAPÍTULO 9: DECEPÇÃO

"Apesar dos nossos defeitos, precisamos enxergar que somos pérolas únicas no teatro da vida e entender que não existem pessoas de sucesso ou pessoas fracassadas. O que existem são pessoas que lutam pelos seus sonhos ou desistem deles." - Augusto Cury

A mãe de Patrícia ficou horrorizada com o estado da filha, que pediu um momento para tomar banho e trocar de roupa antes de conversarem. Dona Matilde foi para a sala de leitura, enquanto Patrícia subiu correndo a escada.

Ao entrar no quarto, surpreendeu Vanda, que ria ao telefone.

– Ela acabou de chegar! – falou Vanda para a pessoa do outro lado da linha, depois de se recompor. – E pelo estado – deu uma risadinha – foi a primeira vez!

Patrícia se sentiu ofendida ao saber que Vanda falava com outra pessoa sobre aquele trágico episódio. Seria Márcio? Ela não tinha tempo para descobrir. Sua mãe lhe aguardava ansiosa lá embaixo. Pegou seu roupão e seu material de higiene e foi direto para o banheiro.

Debaixo do chuveiro, chorava de soluçar. Suas lágrimas se misturavam à água do banho. Tentou se recompor, voltou ao quarto e se vestiu apressadamente. Vanda já tinha ido embora.

Foi difícil ver a dor no olhar de sua mãe. Patrícia não sabia nem por onde começar. A educação que recebera de seus pais era baseada na verdade, no respeito e na confiança. Dona

Matilde, vendo a vergonha e a solidão de sua filha, deixou cair suas muralhas de desapontamento e a abraçou com o amor de proteção que só uma mãe sabe sentir.

Patrícia chorava feito criança, mas o abraço materno a garantiu que agora ela estava segura.

Ela começou a relatar para sua mãe todos os detalhes desde o primeiro dia de aula em que ela se esborrachara no chão e Márcio viera ajudá-la. Quando contou sobre a festa, não precisou dizer muito para sua mãe entender que se tratava de uma *rave*, onde os jovens tomam anfetaminas para ficarem energizados e conseguirem curtir a festa por muitas e muitas horas.

Dona Matilde pediu a filha para ficar mais alerta e se afastar de pessoas que viviam de modo perigoso. Lembrou que Patrícia fora para aquela cidade em busca da realização de um sonho e precisava ter muito cuidado para não transformá-lo em pesadelo. Precisava focar nos estudos e manter seus pensamentos fixos nos seus objetivos.

CAPÍTULO 10: INGÊNUA

"Enganosa é a beleza e vã a formosura..." – Rei Lemuel

A conversa com a mãe deu ânimo a Patrícia. Ela estava decidida a se dedicar aos estudos e ser motivo de orgulho para seus pais.

Na segunda-feira pela manhã, ela acordou bem disposta e com o coração tranquilo. Para não acordar Vanda, se arrumou em silêncio e desceu para tomar café. Pela primeira vez, ela saboreava com calma todos os quitutes das freiras.

Foi caminhando até a universidade, inspirando profundamente o ar daquela manhã de fim de primavera. Viu em seu organograma que a primeira aula daquele dia era de psicologia. A professora era simpática e a aula, um prazer relaxante. Gilberto também estava inscrito, mas aprendera a manter sua distância de Patrícia.

Três dias após a *rave*, Patrícia recebeu uma ligação de Márcio. Ele deu a entender que também passara muito mal e queria que ela o perdoasse por levá-la naquela festa.

– Não tinha a menor ideia das coisas que rolariam – argumentou ele, em tom de espanto. Márcio aproveitou e a convidou para passear pelo Parque da Cidade no sábado. – Podemos fazer um passeio de pedalinho pelo lago! O que você acha?

Um tanto insegura, Patrícia aceitou. Afinal, que mal poderia acontecer no parque em um sábado à tarde? Além do mais, ele parecia muito sincero.

O sábado chegou e, para surpresa e alívio de Patrícia, Márcio deixou a moto estacionada em frente ao internato. O parque ficava a poucos quarteirões e a tarde estava muito agradável. Então, ele sugeriu que fossem a pé.

Durante a caminhada, Márcio tentava convencê-la de que ele também fora vítima das três moças que estavam com ele no portão da universidade, quando ela passou seu segundo vexame, derrubando todo o material.

Patrícia se lembrava muito bem daquele dia e de como achou estranho ter sido convidada para uma festa só por ser estudante de odontologia. Ela só aceitou porque Márcio dissera que iria.

A tarde no parque transcorreu com serenidade e pureza. Márcio parecia ser um rapaz de família e bem-intencionado. Cobriu-a de gentilezas e elogios. A cada instante, Patrícia ia se sentindo mais segura ao lado dele. Terminaram o dia em uma pizzaria e, já na porta do internato, Márcio se despediu dela com um beijo na bochecha. Tudo muito respeitoso. Ele perguntou se poderiam ir ao cinema no dia seguinte e Patrícia prontamente aceitou.

CAPÍTULO 11: ENTREGA

"Não deixe que o ruído da opinião alheia impeça que você escute a sua voz interior." - Steve Jobs

Patrícia e Márcio começaram a se encontrar quase que diariamente e já se podia dizer que eram namorados. Ela estava muito feliz, pois Márcio era o sonho de muitas moças da universidade e *a* escolhera para ser sua namorada! Porém, uma coisa incomodava Patrícia. Todas as vezes que saíam, Márcio recebia uma ligação e sempre respondia com risinhos e palavras monossilábicas. Naquele dia, ela achou estranho ouvi-lo dizer ao celular: "De hoje não passa."

Ao final do jantar romântico em um restaurante chique da cidade, Márcio a convidou para ir até a casa dele. Era uma mansão, afastada do centro da cidade. Os jardins tinham luzes indiretas que proporcionavam um ambiente refinado e mágico. Um mordomo os recebeu na porta, que conduzia a um lindo hall de entrada com piso de mármore.

Os pais de Márcio estavam, como sempre, em uma viagem de negócios. Todos os empregados já sabiam o que aconteceria e saíram de cena, deixando o casal completamente à vontade. Márcio conduziu Patrícia a uma linda sala íntima e a acomodou em um suntuoso sofá *recamier*. Ele disse no ouvido dela que estava apaixonado e que a desejava mais do que tudo na vida.

Fazia tempo que Patrícia também se sentia atraída por Márcio. O corpo dela gritava por aquele que se tornara a paixão de sua vida. Não foi difícil para ela se render aos encantos do rapaz. E ali, naquela sala íntima, ela entregou toda a sua intimidade para aquele que supôs ser o amor de sua vida.

Foi uma experiência muito boa, apesar de ter doído um pouco. Patrícia chorava em um misto de prazer e culpa.

CAPÍTULO 12: MASOQUISTA

"Pensamentos negativos são como pássaros: não conseguimos evitar que voem sobre nossa cabeça, mas podemos impedir que façam ninho." – Ditado popular

No decorrer da semana, Patrícia percebeu que Márcio a evitava. Ele alegava estar em semana de prova e não ter tempo. A princípio, ela aceitou a desculpa, mas, quando flagrou Vanda rindo no celular e dizendo "Você não presta, Márcio!", teve a certeza de que falavam dela.

Patrícia saiu correndo do internato sem direção. As lágrimas escorriam grossas por seu rosto. Como em uma revelação, percebeu que fora vítima de uma aposta. Aquelas ligações sinistras deveriam ser de Vanda, querendo saber se ela já havia sucumbido aos encantos de Márcio.

O desespero tomou conta de Patrícia e ela não sabia a quem recorrer. Não queria dar mais um desgosto aos pais. Teria que enfrentar aquela situação sozinha. Era tempo de crescer e assumir as consequências de suas escolhas.

As semanas seguintes foram muito difíceis. Ela se sentia humilhada e usada. E essa mágoa se tornou uma culpa gigantesca. Para se distrair e se ocupar ao máximo, resolveu se inscrever em congressos e palestras. Tudo para não pensar em certas coisas e certas pessoas.

Porém, por mais que tentasse se distanciar daquela triste situação, as lembranças insistiam em assombrá-la. Seu esforço para esquecer apenas lhe trouxe uma estafa física, mental e emocional.

Patrícia precisou trancar a faculdade por causa da depressão em que se encontrava. Lembranças da *rave* e da sua entrega a atormentavam. Só de recordar o olhar de desapontamento de sua mãe, sentia a alma sendo destroçada. Ela não se perdoava por ter caído tão facilmente nos braços de Márcio.

Como uma masoquista, Patrícia se torturava e se acusava. Tornou-se seu pior algoz. Passava dia e noite deitada na cama. Não queria tomar banho e se alimentava pouco. Chorava muito e chegou a pensar em tirar a própria vida. Perdeu dez quilos e precisou fazer psicoterapia. Foi o ano mais longo de sua vida, mas, graças a Deus, superou e voltou para o curso de odontologia.

Sua psicoterapeuta, a dra. Maria, finalmente fez Patrícia compreender que, na verdade, ela era uma sobrevivente e, como tal, deveria ter orgulho de si mesma e de maneira alguma deveria se condenar. A ajuda clínica da experiente e carinhosa terapeuta, além do apoio da família, tornou Patrícia uma pessoa mais forte, mais esperta e mais cautelosa. Ela decidiu usar sua triste experiência como base sólida para escrever uma nova história.

CAPÍTULO 13: RECOMEÇO

"É sempre mais escuro antes do amanhecer, pois a escuridão é importante para que a pessoa possa rever sua vida e ressignificá-la." - Susanne Andrade

Quando voltou para a faculdade, Patrícia percebeu que muitos de seus colegas tinham desistido do curso e os que restaram estavam no segundo ano. Gilberto, por exemplo, havia se voluntariado a trabalhar no Escovódromo, que é o momento em que o aluno usa, pela primeira vez, roupa e sapatos brancos e um jaleco. Ele ia para uma comunidade carente ensinar as crianças a escovarem os dentes.

Quando Gilberto e Patrícia se reencontraram, ele ficou chocado com a magreza dela, mas preferiu não tocar no assunto. Só disse que estava feliz com o seu retorno e passou a relatar sua experiência em comunidades carentes. Estava eufórico em poder contribuir para a saúde de pessoas tão pobres. Pela primeira vez, Patrícia se sensibilizou e passou a encarar sua futura profissão como uma missão e não uma maneira de enriquecer.

Ela e Gilberto se tornaram amigos inseparáveis. Patrícia chegou a frequentar a igreja aonde o pai de Gilberto era pastor e passou a fazer serviço voluntário. Sua vida ganhou um sentido. O rapaz que outrora não lhe despertava qualquer interesse por ter uma aparência fora dos padrões de beleza estabelecidos se tornara a pessoa que ela mais admirava e respeitava.

Os anos se passaram e Gilberto se formou com honra. A pele dele tinha melhorado e ele trocou as grossas lentes dos óculos por lentes de contato. Seu sorriso continuava largo e lindo, e seus dentes estavam perfeitos sem o aparelho. O patinho feio virara cisne!

Faltava um ano para Patrícia se formar. Enquanto isso, Gilberto se inscreveu no Projeto Rondon e foi aos locais mais ermos do país cuidar dos esquecidos e necessitados. Ele voltou decidido a montar uma clínica com a ajuda do pai em um vilarejo à beira do rio Solimões, afluente do rio Amazonas.

Finalmente, Patrícia se formou, não com as honras de Gilberto, mas deu grande orgulho para sua família. Toda aquela tristeza que outrora a atormentara ficou para trás. Ela se sentia renovada e fortalecida.

Aquela menina indefesa se tornou mulher de verdade quando se casou com Gilberto um mês após a formatura, na primavera de 1980. Eles se mudaram para o norte do país e estão até hoje dedicando suas vidas a servir os mais necessitados. Patrícia jamais trocaria as dificuldades pelas facilidades, pois entendeu que, enquanto uma desperta a criatividade, a outra instala a acomodação.

"O choro pode durar uma noite, mas a alegria vem ao amanhecer." (Salmos 30:5)

VERÃO

"Não busque o problema. Busque a solução." – Henry Ford

Vera, uma jovem executiva e independente, não via a hora de colocar o biquíni e dar um mergulho naquele mar cor de esmeralda. Ela chegara a um estágio de esgotamento psíquico-emocional muito acentuado ao se lançar de corpo e alma no trabalho para tentar esquecer uma decepção amorosa. Embora muito elogiada na empresa por sua dedicação, ela mostrava sérios sinais de desequilíbrio. Passava horas no computador. Às vezes, por causa do trabalho, mas na maior parte do tempo ficava nas redes sociais.

E foi justamente em uma rede social que ela encontrou Azir. Um jovem egípcio que a envolveu de tal forma que ela até pensara em se mudar para o Egito e fazer parte de um movimento social transformador. Então, descobriu que ele fazia parte de uma organização clandestina e muito perigosa. Ela, uma moça tão inteligente, estava com seu senso de julgamento tão equivocado que nem sabia mais discernir o mundo real do virtual. Mas o ápice da dependência virtual de Vera foi quando ela deixou de comparecer ao casamento de sua melhor amiga para ficar na internet. Faltar ao casamento já era ruim, mas o pior é que ela era uma das madrinhas!

Para se libertar daquele vício compulsivo e problemático, Vera precisou começar uma psicoterapia cognitivo-comportamental. O terapeuta a aconselhou a tirar férias em um lugar distante. Ela encontrou aquele balneário paradisíaco na costa nordestina – e um dos requisitos mais importantes era ter péssimo sinal de internet. Isso a deixava ansiosa, mas ela sabia que precisava daquele tratamento de choque. O rompimento com sua amiga de infância foi como um despertar. Vera estava decidida a se curar da dependência virtual e sabia que dependeria de sua força de vontade e determinação.

A viagem de avião foi longa, mas valeu à pena. O local era exatamente como os anúncios ofereciam. O hotel, uma construção horizontal, permitia que todos os quartos, chamados de bangalôs, tivessem acesso direto à praia. Cada varandinha tinha uma rede. O check-in foi rápido e muito cordial. Bandejas com frutas típicas da região e copos com água de coco eram oferecidos a todos os recém-chegados.

Quando entrou no quarto, a primeira coisa que fez, após jogar a bolsa na cama e tirar os sapatos, foi abrir as cortinas. A vista era gloriosa. "Eu poderia viver aqui para sempre!", pensou. Frondosos coqueiros se espalhavam pelas areias branquíssimas! Gaivotas passeavam pela praia. Vera planejava fazer longas caminhadas ao amanhecer e ao entardecer. Queria dar bom dia e boa noite ao sol, coisa que ela não fazia havia muito tempo.

Abriu a mala e começou a procurar biquíni, chapéu, chinelos, canga e protetor solar. Viu o laptop e precisou se dominar para não ver seus e-mails. Resistiu à tentação e se trocou para ir à praia. Já eram 4 horas da tarde, mas o sol de verão continuava intenso. Procurou a sombra de um coqueiro, estendeu a toalha e tirou a canga para dar um bom mergulho.

A água estava uma delícia! Vera se sentia como se caísse no abraço de Deus! Era o momento de reatar seus laços com o Criador, pois sua agenda intensa de trabalho e seu vício virtual a afastaram por completo de um relacionamento íntimo com seu Pai Celestial. Vera nem sabia mais fazer uma oração. Na verdade, ela nem queria pensar nisso agora. Queria apenas curtir aquele momento. Havia esquecido como era bom conviver com a natureza.

A água estava tão limpa que dava para ver o fundo. A variedade de pequenos peixes fazia cócegas em seus pés e a faziam gritar de alegria. Depois de mergulhar e pegar jacaré em algumas ondas, Vera saiu da água e correu feito criança até onde estava sua toalha. Ela achava que estava sozinha, mas alguém a observava de longe, admirado.

CAPÍTULO 2: SENDO OBSERVADA

"Na origem de toda ação existe um pensamento." - Ralph Emerson

Depois de um longo e relaxante banho com sais na banheira, Vera percebeu que precisava comer. Ela acordara muito cedo naquele dia para pegar o voo e comera apenas o lanchinho do avião, além da água de coco ao chegar ao hotel. Ela estava com fome. Aliás, com muita fome! Poderia comer um leão!

Como estava de férias, nem se deu ao trabalho de secar os cabelos ou passar uma maquiagem. Vestiu um vestido solto de algodão e calçou os chinelos. Chegou a pegar o laptop, mas conseguiu resistir mais uma vez. Pegou seu celular e a chave do quarto, e saiu.

O restaurante do hotel ficava à beira-mar e estava todo iluminado por tochas. O cheiro delicioso de frutos do mar vinha no vento. O apetite dela cresceu. Havia um trio tocando violão e cantando músicas muito suaves. Todo o ambiente era muito agradável. O *maître* a conduziu até uma mesa próxima do palco, onde estava o trio. Ela leu o cardápio inteiro e não sabia o que escolher, pois cada prato parecia ser mais delicioso que o outro. Decidiu pela moqueca de peixe com camarão e o purê de mandioquinha. Para acompanhar, pediu uma água mineral com gás e rodelas de limão.

A música a relaxou ainda mais e a Vera durona, sempre na defensiva, se viu como há muito tempo não se via, ligeiramente romântica. Depois do trauma sentimental, ela prometeu a si mesma que nunca mais se apaixonaria. Desde então, fechara seu coração e mergulhou de cabeça no trabalho. Por causa de toda aquela dedicação à empresa, e também por indicação médica, ela recebera como recompensa férias antecipadas. Vera queria e precisava descansar, porque aprendera uma coisa: devia ser sua melhor amiga. Ela não tinha problema algum em ficar sozinha. Aliás, solidão era algo que ela curtia.

Vera lambeu os beiços! A moqueca estava demais! Rapou o prato! Quando o garçom trouxe o carrinho com as sobremesas, deu pena. Tinha cada sobremesa! Mas ela já estava no seu limite. O garçom sugeriu que ela desse uma voltinha na praia, afinal estava uma noite de luar incrível, e depois voltasse para comer a sobremesa. Vera achou a ideia excelente. Ainda era muito cedo para dormir e andar um pouco na areia fresca seria muito bom. Seu celular tocou, mas, quando ela viu de quem era a chamada, não se deu ao trabalho de atender.

A luz da lua parecia um manto de prata sobre o mar. O barulho das ondas quebrando na areia, o cheiro do mar... Tudo a fazia se lembrar novamente do seu Criador. Lá no fundo, ela sabia que Ele existia e que não tinha culpa de seu desastre amoroso. O fato de ter conhecido João na igreja não significava que Deus o escolhera para ela. Foi ela quem o escolheu e se fez de cega para as coisas que ele fazia fora da igreja. Diante do pastor e dos membros, ele era um rapaz exemplar, mas entre seus amigos e até familiares ele era imoral e grosseiro. Ele vivia uma vida dupla, mas ela insistiu na relação porque se apaixonara por ele e achava que poderia mudá-lo. Mas não mudou. Quem mudou foi ela, se tornando uma mulher dura e fria.

Vera caminhou por uns quarenta minutos pela areia fina e fria. Estava completamente alheia que alguém a observava de longe. Quando voltou para o restaurante, estava pronta para experimentar uma daquelas sobremesas deliciosas do carrinho. Qual seria? Banana flambada com sorvete de creme? Pudim de leite? Torta alemã? Doce de coco queimado? Eram tantas calorias e tentações que ela resolveu se controlar e pedir um abacaxi com raspas de limão. A combinação seria com certeza uma explosão de sabor no seu paladar! E foi mesmo! O abacaxi estava na doçura certa e as raspinhas de casca de limão deram aquele toque especial.

O dia tinha sido perfeito. Ela estava começando a perceber que existia uma vida fora da internet. Estava muito cansada, mas feliz. Feliz em ter tomado a decisão certa em dar um basta à sua dependência virtual.

Os dias prometiam ser maravilhosos e ela queria aproveitar cada instante. Recusou o cafezinho, pois pretendia se render aos "braços de Morfeu" e compensar o sono atrasado. Caminhou de volta até seu bangalô, e aqueles olhos continuavam a observá-la.

CAPÍTULO 3: DESESTRESSANDO

"Aquietai-vos e sabei que eu sou Deus, diz o Senhor!"
- Salmos 46:10

Ao chegar ao quarto, Vera lavou os pés na banheira, escovou os dentes e vestiu a camisola. Por um instante pensou em se ajoelhar e agradecer a Deus, mas logo descartou a ideia e ligou a TV para pegar no sono. Não demorou muito para ela cair em um sono profundo. Devido ao dia intenso e agitado, teve muitos sonhos confusos. Sonhou que tinha perdido a hora e estava correndo no aeroporto. Quanto mais ela corria, mais longe ficava o portão de embarque. Depois, sonhou que se esquecera de entregar o relatório para o chefe antes de viajar. Quando acordou, às 6 horas da manhã, continuava cansada. Percebeu que levaria alguns dias antes que estivesse completamente desestressada.

Resolveu sair para caminhar antes do café da manhã. O sol estava nascendo e os raios suaves acariciavam sua face. Ela fechou os olhos e sorriu. Sabia Quem havia criado a luz do sol. Caminhou até o final da praia, parando algumas vezes para catar conchinhas. Na volta, o sol já estava alto e ela resolveu dar um mergulho. Que delícia! Sua pele quente em contato com a água fria a eletrizou e energizou.

Depois de se secar, Vera se dirigiu ao local onde serviam o café da manhã. Em dias de sol, o majestoso café era servido à sombra dos coqueiros. O hotel não estava cheio, então foi fácil encontrar uma mesa vazia. Vera deixou sobre ela seu chapéu e a chave do quarto. Foi até o buffet e ficou perdida com a variedade de frutas, frios, pães e bolos. Primeiro pegou um coco gelado e se refrescou com aquela bebida celestial. Depois, pegou um pouquinho de cada coisa e fez um prato enorme! Sentiria vergonha se tivesse os colegas por perto, mas ela estava de férias!

Caminhando de volta pela praia, decidiu buscar no bangalô o livro que trouxera para ler e uma toalha para estender à sombra de um coqueiro. Não conseguiu terminar o primeiro capítulo, pois adormeceu – e tranquilamente. Seu nível de cortisol, o hormônio liberado pelo corpo devido ao alto grau de estresse, estava caindo e ela estava finalmente usufruindo suas merecidas férias.

Vera não sabe por quanto tempo adormeceu, mas quando despertou se assustou com um homem a observando. Um rapaz de porte atlético, olhos verdes e pele bronzeada. Parecia ter uns 35 anos. Ele se apresentou. Seu nome era Jonas e ele ficara fascinado por Vera desde o momento que ela chegara. Quando a viu adormecida, se arriscou a admirá-la mais de perto. Não contava que ela fosse acordar tão de repente. Ficou sem jeito, mas foi logo se explicando. Disse que era o gerente do hotel e que tinha por hábito verificar se os hóspedes estavam bem.

CAPÍTULO 4: JONAS

"Quem não sabe o que é a vida, como poderá saber o que é a morte?" – Confúcio

Jonas era o sobrinho do sr. Genésio, dono do hotel. Ele sempre teve um comportamento estranho. Embora fosse homem feito, tinha algo de infantil em seu olhar. Seu sorriso era um enigma, pois tinha um ar sarcástico e tímido ao mesmo tempo. Jonas era vidrado em jogos pela internet e passava a noite enfrentando adversários de diversas partes do mundo em jogos com armas, lutas e crimes. Durante a maior parte do dia, ele dormia. O cargo de gerente era uma ficção. O tio de Jonas o criou desde pequeno, pois seus pais eram dependentes químicos e tinham surtos de violência com muita frequência. Para proteger o menino, sr. Genésio conseguiu na justiça a guarda do sobrinho e sentia compaixão por ele, que era um jovem solitário e difícil de decifrar. Com os anos, Jonas ficava cada vez mais estranho, mas nunca fizera nada que causasse transtorno ao bom funcionamento do hotel.

Vera não sabia explicar, mas a presença daquele rapaz a incomodava e, por isso, o evitava ao máximo, mas de nada adiantava dar desculpas para dissuadi-lo. Jonas parecia obcecado por ela. Na cabeça dele, Vera era sua heroína virtual Karinovicka. Todas as manhãs, ele a procurava na praia e sempre lhe trazia um mimo. Podia ser um peixe que ele havia pescado e assado na brasa, uma água de coco geladinha ou apenas uma concha bonita, fora os constantes elogios. Era como se Vera fosse a rainha e ele, o vassalo.

Ela decidiu que tinha que acabar com aquela implicância que sentia com relação ao rapaz. Que mal poderia fazer aquela criança grande? Começaram a passar mais tempo juntos e a fazer longas caminhadas pela praia. Vera chegou à conclusão que Jonas era o rapaz mais puro que ela já conhecera e baixou a guarda completamente.

Quando Eduardo, um surfista profissional, veio se hospedar no hotel, Vera logo fez amizade com ele. Não era um rapaz bonito, mas seu alto astral parecia atrair as pessoas como um ímã. Ele viera pesquisar as praias e ondas da região para o próximo festival de surfe. Para isso, precisava percorrer toda a orla e conhecer as enseadas. Os ventos e as marés também precisavam ser levados em conta, considerando que no inverno tudo se intensificava.

Certo dia, Vera perguntou se podia ir com ele, e imediatamente ele respondeu que sim, com um largo sorriso. Saíram bem cedo no dia seguinte, após um maravilhoso café da manhã. Jonas parecia não ter ficado satisfeito com aquela amizade e seu olhar infantil adquiriu um brilho maligno. Sua "rainha" havia se tornado uma traidora.

Quando Eduardo e Vera chegaram, quase à noite, Jonas estava espreitando de longe. Não gostou nada da intimidade dos dois, que riam muito e pareciam velhos conhecidos. Eles tiveram um dia muito divertido e cheio de emoções. O entrosamento dos dois era óbvio.

Vera foi até seu bangalô para tomar um banho antes do jantar. Quando colocou a chave na fechadura da varanda, uma mão a segurou com violência. Vera levou um susto, mas se acalmou quando viu que era Jonas. Ele parecia muito transtornado e pediu que ela fosse caminhar com ele pela praia.

Embora cansada e louca por um banho, ela sentiu urgência naquele pedido e achou melhor não contrariá-lo. Eles saíram em direção ao forte no final da praia e se perderam na escuridão da noite. Jonas voltou sozinho muito tempo depois.

Seu tio, sabendo dos transtornos psiquiátricos de Jonas, o viu chegar e não gostou de sua aparência. Ele estava muito agitado. A função de "gerente auxiliar" era uma tentativa, para ver se uma ocupação serviria como terapia para o transtorno do rapaz, já que todos os tratamentos não tiveram sucesso.

Até aquele dia, Jonas tinha se comportado de maneira satisfatória, mas o sr. Genésio já havia percebido seu interesse exagerado por Vera. Ele tentou extrair alguma informação do sobrinho, que apenas se limitou a se sentar em um canto, completamente calado e com os olhos bem abertos, fitando o vazio.

O sr. Genésio pressentiu que algo grave havia acontecido e mandou um funcionário ir até ao bangalô de Vera. Quando este voltou, dizendo que encontrou a chave na porta da varanda, mas que o apartamento estava vazio, o dono do hotel recrutou alguns funcionários para vasculharem a praia. Como já era noite, cada um levou uma lanterna.

CAPÍTULO 5: A PROCURA

"Mas o que der ouvidos à sabedoria habitará em segurança, e estará livre do temor do mal." – Rei Salomão

Eduardo, que esperava Vera para jantar, percebeu a comoção e quis saber o que estava acontecendo. Quando ficou ciente do desaparecimento de Vera, se prontificou imediatamente a ajudar nas buscas. Contudo, achou muito estranho algo de grave ter acontecido em um lugar tão tranquilo como aquele. O que o deixou ressabiado foi o nervosismo do sr. Genésio, e se ofereceu para procurar pela amiga sozinho, pois, entre todos, ele era o que conhecia Vera um pouquinho melhor. Haviam passado aquele dia inteiro juntos e ao final se sentiam como melhores amigos.

Eduardo resolveu começar a procura pelo bangalô de Vera. Foi até lá e percebeu muitas pegadas na varanda, que tinha uma fina camada de areia, e também que dois pares iam para o forte, que ficava no final daquela enseada. Ele foi naquela direção procurando os pares de pegada com sua lanterna. Achou um pé do chinelo de Vera e logo adiante achou o outro. Viu que uma das pegadas parecia arrastada, como se alguém estivesse sendo levado à força. Em alguns locais, a maré havia apagado as marcas, mas logo adiante o mesmo padrão se repetia. Finalmente, ele chegou ao forte abandonado. Gritou pelo nome de Vera, mas só ouviu o barulho das ondas como resposta. As marcas na areia estavam confusas agora, porque o forte era um ponto turístico durante o dia e muitas pessoas iam até lá para tirar fotos. À noite, no entanto, as únicas criaturas que se viam por ali eram caranguejos.

Com a lanterna em punho, Eduardo procurou por cada canto daquele forte abandonado até que o facho de luz iluminou um par de pernas. Até então ele estava confiante, mas aquela visão mexeu com ele, que sentiu um tremor em suas pernas. Ficou receoso de se aproximar e encontrar o pior. Aos poucos, a luz da lanterna revelou o corpo de Vera. Não havia ferida aberta aparente, mas Eduardo conseguiu ver manchas de agressão física.

Ele se aproximou e sentiu o pulso dela. Graças a Deus estava viva! Pensou rápido em como reanimá-la. Viu uma casca de coco na areia e correu até o mar para buscar um pouco de água fria. Com muito cuidado, derramou o líquido na cabeça de Vera, enquanto a erguia com a outra mão.

A água fria fez com que Vera tremesse um pouco, como se por causa de um calafrio, e abrisse os olhos. Eduardo começou a falar mansamente com ela e dizer que tudo estava bem agora. Vera parecia em choque. Havia marcas de mãos em seu pescoço e braços.

Vendo que ela não tinha condições de voltar para o hotel andando, Eduardo pensou em como a transportaria até lá. Se ao menos estivesse com a sua prancha...

Com a lanterna, saiu à procura de alguma coisa sobre a qual pudesse colocar Vera e arrastá-la. Lembrou que ela estava usando uma canga por cima do biquíni e do short. Onde estaria a canga? Ele a teria visto pelo caminho das pegadas. Procurou com mais cuidado e a encontrou em um dos cantos do forte. Ele estendeu o tecido sobre a areia e com muito cuidado rolou o corpo de Vera para cima dela.

Em um esforço hercúleo, Eduardo começou a puxar a canga. Vera não era uma moça robusta, mas mesmo assim a tarefa de puxá-la era árdua. Após alguns minutos, ele se sentou para descansar. Percebeu ao longe luzes de lanternas. Imaginou que eram os funcionários do hotel, procurando por Vera.

Em uma espécie de código Morse, Eduardo mandou sinais para eles com o facho de luz de sua lanterna. Eles logo perceberam a situação e correram ao encontro dele. Os dois funcionários ficaram chocados com a cena, mas pegaram cada qual uma das pontas da canga e, com mais facilidade, puxaram a moça, enquanto Eduardo cuidava para que não passassem por cima de nenhuma pedra ou algo que pudesse feri-la.

CAPÍTULO 6: TRAUMA

"Filho meu, ouve a instrução de teu pai e não deixes os ensinamentos de sua mãe, porque serão como diadema gracioso em tua cabeça..." – Rei Salomão

Vera chegou ao seu bangalô e foi logo colocada sobre a cama. O sr. Genésio foi notificado do ocorrido e imediatamente mandou chamar um médico. Quando o médico chegou, foi constatada a tentativa de homicídio por asfixia, mas não havia indícios de ataque sexual. Vera teria que repousar e tomar alguns analgésicos para as dores no corpo.

Ela ficou alguns dias em observação. Como parecia não sair do estado de choque, o sr. Genésio achou por bem notificar a família. Dona Suara, mãe adotiva de Vera, veio no primeiro avião. Ao ver a mãe, uma mistura de dor e alívio transpirou do rosto de Vera. O relacionamento das duas havia estremecido desde aquele namoro conturbado que ela insistira que daria certo.

Naquela época, Vera frisava o fato de dona Suara não ser sua mãe verdadeira e como tal não devia se meter em sua vida. Ela fora rejeitada pela mãe biológica quando o novo parceiro a obrigou a renegar a filha. Vera tinha apenas 5 anos quando dona Suara, uma mulher pobre e negra, a acolheu com todo o amor. Cresceu traumatizada, mas o amor da mãe adotiva a fez superar todas as tristezas. Até que chegou o dia em que ela conheceu João.

Apesar dos conselhos de dona Suara, a moça levou adiante aquele relacionamento doentio e acabou sendo vítima. João, além de ter dupla personalidade, extorquia Vera. Ela comprou celular importado, tênis e roupas de marca, e até mesmo um carro para ele – e ainda pagava as prestações. Sua mãe lhe alertava sobre aquele comportamento estranho, mas Vera só acreditou quando viu com os próprios olhos João em ato libidinoso com outro rapaz dentro do bendito carro!

O orgulho a fizera se distanciar ainda mais da mãe. Nem atendia mais as suas ligações. Mas, naquele momento em que os recentes acontecimentos traziam recordações, ver a mãe ali lhe trouxe alívio e conforto. Ela poderia estar morta e o medo da eternidade a despertou para a urgência de reatar seu relacionamento com Deus. Ninguém melhor do que sua mãe para ajudá-la naquele retorno.

CAPÍTULO 7: PERDÃO

"O perdão é um catalisador que cria a ambiência necessária para uma nova partida, para um recomeço." - Martin Luther King

O sr. Genésio precisou internar Jonas em um hospital psiquiátrico para não correr o risco de um incidente semelhante voltar a acontecer. Vera, por sua vez, melhorava a cada dia com os cuidados e conselhos da mãe. Dona Suara a fez entender que Jonas era também uma vítima, um ser perturbado emocionalmente que precisava de cuidados especiais. Vera precisava perdoá-lo, pois a amargura adoeceria seu próprio corpo.

Vera e Suara fizeram muitas caminhadas pela praia e, em todas, elas voltavam mais amigas e fortalecidas. O sr. Genésio fez questão de reembolsar todas as despesas de Vera, bem como as de sua mãe, incluindo as passagens aéreas. Ele alegou que era o mínimo que poderia fazer. Afinal, elas não deram queixa na polícia, coisa que prejudicaria muito os seus negócios.

No dia anterior à sua volta para casa, Vera surpreendeu a todos. Disse que queria fazer uma visita a Jonas no hospital. O sr. Genésio a levou, juntamente com dona Suara. Quando encontraram o rapaz no jardim interno do hospital, viram um ser digno de pena. Parecia uma criança abandonada e amedrontada. Ao ver Vera, a primeira reação de Jonas foi fugir. Mas ela segurou o braço dele e disse:

– Não tenha medo, Jonas. Eu só vim me despedir. – Sem muitas palavras, lhe entregou uma Bíblia, com sua dedicatória, e em vez de dizer "Adeus", continuou: – Deus te abençoe!

Pode parecer coisa pequena, mas é grande o mistério da paz que inunda o coração daquele que libera perdão, bem como daquele que o recebe. O ódio nada mais é do que um veneno que a gente toma, pensando que o outro é que vai morrer. Não vale a pena.

Vera retornou a sua rotina de cidade grande muito mais madura, confiante e feliz. Aprendeu a dosar sua relação com a internet e conseguiu administrar melhor o seu tempo. Percebeu que sem Deus ela era nada, mas com Deus era tudo. Voltou a congregar em uma igreja junto com sua mãe. Muitos meses depois, ela foi surpreendida com a chegada de um rapaz bem-apessoado e bem-vestido. Quando observou com mais atenção, percebeu que era Jonas. Ele trazia nas mãos a Bíblia que ela lhe dera de presente. Com a ajuda das medicações, terapias e, principalmente, da cura espiritual, ele se tornara um homem equilibrado e verdadeiramente feliz.

OUTONO

CAPÍTULO 1: SOLIDÃO

"Ser feliz é deixar de ser vítima dos problemas e se tornar autor da própria história." - Augusto Cury

Lá no alto do morrinho estava Olívia novamente no seu lugar de escape. Filha única de um pai alcoólatra, toda vez que ele chegava embriagado e violento, ela subia correndo a ladeira atrás de sua casa, onde tinha uma pequena chapada, para chorar e esperar seu pai adormecer. De lá, podia ver quase todo o seu bairro. Aquele também foi o local para onde ela correu quando sua mãe morreu de câncer. Olívia tinha apenas 13 anos à época. Agora ela estava com 19, mas ainda sentia muitas saudades de sua mãe. A solidão devorava sua alma!

Naquela tarde de outono não eram apenas as folhas que caíam das árvores, caía a esperança de Olívia em um futuro melhor. Aliás, para ela, a vida parecia um eterno outono. "Será que nunca serei feliz?" A jovem de apenas 19 anos, embora de feições finas, trazia no semblante as marcas da tristeza. Seus olhos não tinham brilho e seu porte era de alguém cansado e desanimado. É verdade que ela sonhava com uma vida melhor, mas não acreditava que um dia poderia se tornar realidade.

CAPÍTULO 2: PASSAPORTE DA FELICIDADE

"Há sempre uma luz no final do túnel." – Ditado popular

Em uma manhã de domingo, Olívia, como sempre, saiu cedo para comprar pão na padaria a fim de estar com a mesa posta para quando seu pai acordasse, como se nada houvesse acontecido na noite anterior. Era um ciclo vicioso. Sábado à noite, o sr. Jorge ia para o bar com os "amigos" e só voltava para casa depois de ter tomado todas. Entrava em casa derrubando tudo, gritando por Olívia. O coração da menina acelerava, pois era sempre a mesma coisa. Ele queria ter a certeza de que ela estava em casa.

Quando, certa vez, a pegou no portão conversando com os vizinhos, a agarrou pelo braço e a arrastou para dentro de casa aos gritos. Olívia era humilhada constantemente. No dia seguinte, ele acordava outro homem, manso e carinhoso – o pai que Olívia tanto precisava. Contudo, aquele cenário de tranquilidade e harmonia só duraria até o final da tarde. Olívia fazia de tudo para não aborrecer o pai e, por isso, preparava as refeições com todo o cuidado.

Naquele domingo em particular, ela percebeu uma agitação incomum no bairro. Viu muitos jovens e adolescentes caminhando juntos e felizes para um ônibus estacionado na esquina. Alguns levavam instrumentos musicais. A alegria deles era tão evidente que ela não resistiu e perguntou a uma jovem que ia um pouco atrás do grupo, levando algumas sacolas, o que era aquilo. A jovem lhe explicou que haveria um festival de música gospel na região e que muitas igrejas estavam mandando suas bandas para participarem do evento.

A moça aproveitou e fez um convite para Olívia ir ao festival. A entrada era franca. Teriam duas apresentações naquele domingo: uma pela manhã e outra no final da tarde. O local não era longe e Olívia sentiu um desejo muito grande de ser como aqueles jovens. O que ela mais queria era ser feliz e aquelas pessoas pareciam ser o "passaporte da felicidade".

CAPÍTULO 3: ESPERANÇA

"A esperança é um sonho que caminha." – Aristóteles

Olívia voltou para casa, coou um café fresquinho, ferveu o leite e arrumou a mesa do jeito que o pai gostava. Fez tudo com leveza, pois hoje ela estava sentindo algo que até então não conhecia: esperança!

O pai acordou depois das 9 horas da manhã. Foi logo para a cozinha, atraído pelo cheiro do café. Encontrou Olívia escolhendo o feijão para o almoço e, como sempre, lhe deu um beijinho no alto da cabeça. Ah, como seria bom que ele fosse sempre assim! Como ela queria sentir confiança e retribuir o carinho! Mas seu coração magoado a travava. Era muito difícil para aquela jovem conviver há tantos anos com um pai bipolar. Ele não conseguia superar a partida precoce de sua amada companheira, mas não percebia que matava aos poucos a única pessoa que lhe restava para amar.

Pela primeira vez, Olívia não via a hora de seu pai sair para o bar. Ela já havia combinado com uma vizinha de irem juntas ao festival. Iriam sair logo após o sr. Jorge. Justo nesse domingo tinha jogo do Flamengo e o sr. Jorge era fanático pelo time. Assistiu ao primeiro tempo em casa e decidiu ir mais cedo para o bar para assistir ao segundo tempo com os amigos. Pelo jeito, a comemoração iria varar a noite, pois o time estava jogando muito bem. Era tudo que Olívia mais queria.

Faltavam quinze minutos para o festival começar quando Olívia chegou com Aline. O ginásio estava lotado de jovens barulhentos, mas felizes. Quando o preletor chegou ao palco e pediu silêncio, os jovens emudeceram na mesma hora. Não se ouvia uma mosca. Aquele respeito impressionou Olívia. As bandas se sucediam no palco e as canções tocaram profundamente o coração da jovem. Ela voltou para casa cantarolando alguns refrões. Graças a Deus que seu pai ainda não havia chegado!

Quando o sr. Jorge chegou, pela primeira vez a jovem não entrou em pânico. Mentalizou a figura do pai no dia seguinte e se assegurou que tudo iria melhorar.

Alguns dias se passaram e o efeito daquele festival também começou a passar. Olívia percebeu que ela precisava daquele ambiente com mais frequência. Era como se fosse uma vitamina para lhe dar forças. Por algumas semanas, percorreu as igrejas do bairro, até que, em um sábado à tarde, reencontrou a jovem que lhe fez o convite para o festival. Carmen Lúcia ficou muito feliz em rever Olívia! Passou para ela o boletim com a programação da semana. Disse que estava todos os sábados e domingos na igreja, pois era líder do grupo jovem. Olívia, que não podia esperar mais, participaria da reunião naquele dia mesmo.

Se sentindo um peixe fora d'água, Olívia se sentou no grande círculo de cadeiras formado no centro do salão. Embora fosse uma mera desconhecida, eles a cumprimentaram como se a conhecessem há muito tempo. O gelo foi quebrado quase de imediato e Olívia se pegou rindo, descontraída, pois todos eram muito espontâneos e engraçados.

CAPÍTULO 4: PRÍNCIPE ENCANTADO

"...na minha boca era doce como o mel... mas no meu ventre ficou amargo." - Apocalipse 10:10

Um próspero empresário do ramo de transportadoras congregava naquela mesma igreja. Era um jovem bem apessoado, com quase 40 anos e solteiro! Era o "príncipe encantado" das moças. Sempre sorridente e bem-humorado, parecia apenas flertar com as meninas. Olívia, que não estava procurando um relacionamento, só procurava paz e alegria. Talvez tenha sido justamente o que chamou a atenção de Alexandre. Quanto mais ela o evitava, mais ele ficava fascinado. Certa vez a ouviu em um teste vocal para entrar no coral e teve a certeza absoluta de que a jovem tinha muito talento para uma carreira musical. Alexandre se aproveitou da situação e perguntou a Olívia se ela gostaria de gravar um CD. A jovem levou um susto! Nunca em seus sonhos mais ousados ela poderia se imaginar uma cantora gospel. Aquele pensamento martelou na cabeça dela por toda a semana. Quando reencontrou Alexandre na igreja, no sábado seguinte, imediatamente lhe perguntou se a oferta de gravar o CD ainda estava de pé.

– Claro! – exclamou ele, dando um largo sorriso.

Alexandre investiu pesado na produção, na divulgação e até no visual de Olívia: ela fez clareamento dental e luzes nos cabelos. Ficou ainda mais bonita. Ele era um empresário dedicado. Todos os ensaios e reuniões tinham que ser realizados nos horários que o pai de Olívia estivesse ausente de casa.

Quando as canções começaram a tocar nas rádios, Olívia nem acreditou! Não demorou muito para que convites para shows surgissem. E agora? Como contornar a situação com o pai dela? A única saída era dizer a verdade.

Alexandre se comprometeu em falar com o sr. Jorge. Ele tinha uma lábia para convencer qualquer um. O sr. Jorge ficou maravilhado com a possibilidade de entrar mais algum dinheiro em casa – afinal de contas, as coisas estavam bem apertadas. E, assim, Olívia ficou livre para fazer shows em vários lugares.

CAPÍTULO 5: FOME DE AMOR

"A alma farta pisa o favo de mel, mas para a alma faminta todo amargo é doce." - Rei Salomão

Alexandre ficava cada vez mais fascinado com Olívia (ou com a voz dela?). Ela era diferente de todas as moças que ele conhecera, uma menina sofrida e reservada que tinha um extraordinário talento. Foi uma vitória quando ela aceitou jantar com ele. Ele escolheu com muito cuidado um restaurante fino e reservado. Olívia nunca estivera em um ambiente tão chique. Ela se sentiu um pouco sem jeito, mas Alexandre, com seu charme e simpatia, a deixou logo à vontade. Os pratos do cardápio estavam em francês, mas o rapaz parecia saber exatamente o que escolher. Como entrada, pediu uma linda cesta de pães, uma travessa com pastas variadas e uma garrafa de vinho francês.

Alexandre insistiu que Olívia experimentasse um pouco do vinho. Para sua surpresa, ela gostou. Gostou até demais e acabou ficando alegrinha. A menina tímida estava agora com um riso solto e completamente relaxada.

O jantar transcorreu na mais perfeita sintonia e em diversas ocasiões os olhares se cruzaram e se fixaram em silêncio. Ainda no carro, mas estacionados em frente à casa de Olívia, Alexandre pegou a mão da moça e beijou. Agradeceu a ela pela noite maravilhosa, e assim se despediram.

Olívia, que nunca havia namorado antes, começou a sentir algo novo. Dormia e acordava pensando em Alexandre. Ia para as reuniões da igreja só para vê-lo. Nem prestava mais atenção nas palavras do pastor. Em um domingo à noite, após o culto, Alexandre se ofereceu para levá-la de carro para casa. Não era necessário porque Olívia morava a poucos quarteirões da igreja, mas estar perto dele e sentir seu perfume era tudo que ela queria. Aceitou de imediato! Daquela vez ela queria mais do que um beijo na mão e Alexandre parecia saber disso.

Quando estacionou, ele estendeu o braço por detrás da nuca de Olívia e delicadamente a puxou para si. Foi um beijo longo e apaixonado. Olívia estava com fome – fome de amor.

CAPÍTULO 6: ENTERRANDO O PASSADO

"A vida é a melhor escola e o tempo o melhor professor."
– Autor desconhecido

Completamente apaixonada, Olívia não percebeu que seu pai estava doente. O vício em bebida levou o sr. Jorge a uma cirrose hepática. Ele foi internado às pressas em um hospital público, mas, apesar de todos os esforços dos médicos e enfermeiros, morreu em 15 de outubro de 2013, com apenas 46 anos. Olívia sentia um misto de tristeza e alívio. As lembranças de um pai carinhoso eram logo engolidas pelas de um pai agressivo e desequilibrado.

Ela providenciou todos os preparativos do enterro com a ajuda de Alexandre. Por incrível que pareça, nenhum dos amigos de bar compareceram ao funeral. Aqueles que o incentivavam a beber nem sequer vieram dar os pêsames para Olívia. A única irmã do sr. Jorge também não se deu ao trabalho de sair de sua cidade para prestar uma última homenagem ao irmão. Se não fossem os amigos da igreja, a cerimônia de sepultamento teria apenas Olívia e Alexandre.

Foi uma cerimônia simples e rápida. O pastor fez uma pequena pregação sobre a brevidade da vida e pediu a todos para refletirem sobre a eternidade. Depois de cantar um hino, fez uma oração. Ao final, o caixão foi introduzido na terra. As poucas pessoas que lá estavam jogaram pétalas de rosas sobre a tampa do caixão. Quando Olívia jogou um botão de rosa, parecia que ela jogava sua vida até então e enterrava todo o seu passado. Ela saía do cemitério uma nova Olívia. A sensação de alívio conflitava com sua consciência. Teria ela se tornado uma pessoa má e insensível?

A moça voltou para casa e pela primeira vez se sentiu segura naquele lugar. Afinal, tinha Alexandre agora, que iria cuidar dela e protegê-la. Tudo seria diferente. Ela tinha esperança. Ela tinha um futuro.

CAPÍTULO 7: ENCONTROS TÓRRIDOS

"Entre um homem e uma mulher só o coração pode bater." - Autor desconhecido

Após a morte do sr. Jorge, os encontros de Alexandre com Olívia se tornaram cada vez mais frequentes. Até que um dia ele a convidou para conhecer seu apartamento. Ele morava em uma área nobre do bairro, onde só havia casas bonitas e prédios novos. Alexandre morava sozinho em uma cobertura. O apartamento era finamente decorado e tinha uma vista deslumbrante.

Ele a convidou a tirar os sapatos e ficar à vontade enquanto ia até a cozinha para buscar uma garrafa de vinho e duas taças. Olívia riu quando viu que o vinho era o mesmo do restaurante. Ao som de uma música suave e luzes indiretas, os dois riram e se beijaram, cada vez mais ardentemente. Não demorou muito para terminarem no quarto. E ali, nos braços de quem pensava ser o homem de sua vida, Olívia entregou sua virgindade, seus sonhos e passou a ser sua mulher.

Aqueles encontros tórridos se tornaram quase que um vício para os dois. Quanto mais tinham, mais queriam. Alexandre era viciado em pornografia e obrigava Olívia a assistir certos vídeos antes das intimidades. Ela achava, na sua inocência, que isso era normal entre casais.

Ele cuidava para que não houvesse o imprevisto de uma gravidez indesejada, e assim curtiam despreocupadamente seus corpos cada vez mais. O uso do álcool para relaxar foi crescendo. Havia noites que ambos estavam completamente embriagados, e Alexandre revelou um lado um tanto violento. Olívia não percebia o ciclo vicioso em que se encontrava. O que ela mais temia no relacionamento com o seu pai se repetia com Alexandre.

A carreira de cantora gospel ia de vento em popa e, graças a Olívia, Alexandre era muito bem-recebido em todos os lugares, conseguindo até ampliar seus negócios com muitos contatos novos. Ele foi se sentindo cada vez mais poderoso e passou tal sensação para o relacionamento deles. Começou a fazer exigências durante os momentos íntimos, queria novas emoções. No começo, Olívia achou estranho, mas ela estava perdidamente apaixonada por aquele homem e pelo novo estilo de vida que ele lhe proporcionava.

É claro que ninguém na igreja sabia que eles estavam praticamente morando juntos, mas alguns desconfiavam da violência que Olívia sofria, principalmente quando ela chegava de óculos escuros e lenço amarrado no pescoço.

O amor que ela achava sentir por Alexandre passou a ser uma relação doentia. Por mais que ela tentasse dar uma desculpa para o comportamento estranho dele, não tinha coragem de se separar. Às vezes, eles pareciam o casal mais perfeito e feliz do mundo; outras vezes, ela parecia a escrava de um senhor abusivo e autoritário.

CAPÍTULO 8: PUNHALADA

"A metade de um amigo é a metade de um traidor."
- Victor Hugo

Certo dia, uma linda jovem chamada Mônica apareceu na igreja. Era de família muito humilde, que acabara de se mudar do interior para a cidade. Mônica era morena clara com cabelo castanho ondulado na altura dos ombros. Tinha um olhar expressivo e um lindo sorriso, que mostrava seus dentes perfeitos. Poderia ser uma modelo se não fossem suas roupas e acessórios baratos. Era muito tímida, mas os jovens da igreja logo a fizeram se sentir bem-recebida. Não demorou muito para que os olhos de gavião de Alexandre a percebessem.

A princípio, Olívia não estranhou a ausência de Alexandre. Afinal, ele era um empresário bem-sucedido e com muitos compromissos. Mas, quando ele não atendia suas ligações nem respondia as mensagens de texto, ela passou a desconfiar. Os encontros que tinham estavam cada vez mais espaçados e o relacionamento íntimo cada vez mais violento, com humilhações verbais. Olívia se submetia aos caprichos de um monstro.

Suas canções tocavam cada vez menos nas rádios, talvez porque Alexandre deixara de fazer as divulgações. Shows de que ela participava quase todo final de semana passaram a ser mensais. Os cachês acabaram e ela não podia sustentar seu estilo de vida luxuoso que se acostumara a viver.

Quando confrontou Alexandre sobre aquela situação, ele ficou extremamente nervoso e a empurrou com violência.

– Quem você pensa que é para tirar satisfação comigo? Você era uma ilustre desconhecida antes de me conhecer. A verdade é que as pessoas já enjoaram de você, assim como eu!

Aquela foi a pior punhalada que Olívia poderia receber. A convivência com um pai alcoólatra não a preparara para o desprezo. Afinal, seu pai agia de forma violenta por causa do álcool, já Alexandre...

Os dias se passavam em uma solidão amarga. Para piorar, Olívia amanhecia todos os dias com um enjoo terrível. Carmen Lúcia percebeu seu abatimento e a aconselhou a se consultar com um médico.

Não foram necessários muitos exames para o médico descobrir que Olívia estava grávida de dois meses! Com certeza, aconteceu na noite que estavam tão embriagados que se esqueceram de tomar os cuidados necessários. Olívia sentiu um misto de pânico e alegria. Quem sabe Alexandre mudaria seu comportamento com ela quando descobrisse que seria pai? Ela fantasiou muitas situações e ensaiou muitas falas. Tinha que conversar com ele em um bom momento.

CAPÍTULO 9: ASSUMINDO A GRAVIDEZ SOZINHA

"A boa madeira não cresce no meio da facilidade. Mais o vento sopra, mais a árvore se torna robusta." – Willard Marriott

Quando Alexandre chegou, tarde da noite, Olívia o aguardava no sofá da sala dele. De forma grosseira, ele perguntou o que ela fazia ali e por que estava acordada até àquela hora. Ela avisou que precisavam conversar.

– Estou muito cansado! Conversamos amanhã! – E assim, dando as costas, foi para o quarto. Olívia adormeceu ali mesmo, banhada em lágrimas.

No dia seguinte, ela resolvera começar uma nova página. Tomou um banho, se perfumou, se maquiou e se vestiu de forma bem feminina. Foi para a cozinha preparar um belo café da manhã. Estava disposta a perdoar e começar tudo de novo por amor ao pequeno ser que carregava em seu ventre.

Arrumou a mesa com primor e carinho e aguardou Alexandre acordar. Muito tempo depois, ele apareceu na cozinha, já de terno e gravata, tomou um gole de café e pegou a chave do carro.

– Bom dia, meu amor! Você não vai se sentar para tomar café comigo? – perguntou ela.

– Estou atrasado! – respondeu Alexandre, abrindo a porta de casa e saindo.

Frustrada e muito triste, Olívia desabou sobre a mesa e soluçou convulsivamente.

Não encontrando outra alternativa, decidiu mandar uma mensagem por celular. Foi direto ao ponto, mas com o cuidado de não ofendê-lo. Para sua surpresa, ele voltou para casa poucas horas depois, totalmente transtornado. Olívia não o reconhecia. Parecia possuído por um espírito maligno. Os olhos esbugalhados e brilhantes realçavam em sua pele ruborizada.

– Que história é essa que você está grávida? Com quem você tem andado? Porque meu com certeza não é!

Aquelas palavras dilaceraram o coração de Olívia. Alexandre sabia que era o primeiro e único na vida dela. Lançar aquela dúvida era algo que ela não esperava. Onde estava o homem gentil e envolvente pelo qual ela havia se apaixonado e com quem havia sentido total segurança?

Mas o golpe maior estava por vir.

– Por que você não tira esse "troço" enquanto ninguém percebe a sua barriga?

Abortar estava fora de cogitação para Olívia. Embora nem tenha sentido um leve tremor de vida em seu ventre, aquele ser era parte dela e ela jamais o privaria do direito à vida. Sabia que teria que enfrentar aquela gravidez e suas consequências sozinha.

CAPÍTULO 10: ABORTO INDUZIDO

"Se alguém trai você uma vez, a culpa é dele. Se trai duas vezes, a culpa é sua." – Eleanor Roosevelt

Passados alguns dias, Alexandre apareceu na casa de Olívia como uma pessoa completamente diferente. Pediu perdão e disse ter marcado uma consulta com um ginecologista para dar início ao pré-natal. Olívia ficou tão feliz que o abraçou com toda força, deixando para trás toda mágoa e insegurança.

No dia seguinte, eles foram ao consultório do dr. Ivan, que ficava em um bairro do subúrbio. Embora achasse estranho, Olívia decidiu confiar mais uma vez no homem que amava. O médico parecia muito amigo de Alexandre e disse para Olívia que ficasse tranquila, pois ele tinha muitos anos de experiência no ramo.

Durante o exame, Olívia sentiu muita dor. Para seu horror e desespero, percebeu tarde demais que estava sendo submetida a um aborto induzido.

CAPÍTULO 11: O VERDADEIRO VALOR

"Não vou envelhecer, eu vou me transformar no pretérito mais que perfeito criado por Deus." – Luciana Mazza

Olívia decidiu abandonar Alexandre e seguir a vida sozinha, embora tenha caído em uma depressão profunda. Carmen Lúcia foi quem a acolheu sem reservas e sem condenação. Apenas lhe aconselhou a estreitar seu relacionamento com Deus, e foi o que Olívia fez. Foi um processo longo e difícil e ela precisava pedir forças a Deus para viver um dia de cada vez.

Após alguns meses, Carmen Lúcia conseguiu que ela cantasse em algumas igrejas e eventos, podendo vender seus CDs e ganhar um dinheiro para seu sustento. A voz e a interpretação de Olívia adquiriram uma qualidade tão extraordinária que os convites não paravam de chegar.

Em um desses eventos, ela conheceu Evandro, um rapaz simples e sem atrativo algum, mas de um coração compassivo e generoso como poucos. Ele sabia o significado da palavra sofrimento, pois sua mãe tentara abortá-lo muitas vezes no ventre. Nunca conhecera seu pai e foi criado aqui e ali em um morro da cidade. Embora tivesse alguns dentes estragados, o sorriso de Evandro era sincero. Sua vida mudara quando alguém lhe falou do amor de Jesus.

Ele trabalhava com a equipe de som dos eventos de que Olívia participava. Os dois se tornaram grandes amigos.

Contudo, ela ainda não estava pronta para outro relacionamento. O único relacionamento no qual ela queria investir era o relacionamento com Deus. E aprendeu a dar mais valor ao interior das pessoas do que ao exterior.

CAPÍTULO 12: CURA INTERIOR

"Não vos lembreis das coisas passadas, nem considereis as antigas. Eis que faço uma coisa nova; agora está saindo à luz; porventura não a percebeis? Eis que porei um caminho no deserto, e rios no ermo." – Isaías 43:18-19

Durante o período de cura interior, Olívia percebeu que seu pai era extremado, e não abusivo. A bebida apenas exacerbava sua superproteção, mas em nenhum momento ele queria o mal da filha. Já para Alexandre, a bebida trazia à tona toda a mesquinhez e maldade de um ser egoísta, perverso e bipolar.

Ela passou a ter sentimentos de perdão e compreensão por seu pai. Ele se entregou à bebida por não suportar a perda prematura da querida esposa. Até a morte de sua mãe, as lembranças que Olívia tinha de seu pai eram ternas e felizes. Ela decidiu que iria manter apenas tais recordações e que, se algum dia tivesse um filho, lhe daria o nome de seu pai.

Além de estar cantando e interpretando com mais sentimento, ela passou a compor também. Uma canção em particular virou um grande sucesso e ficou em primeiro lugar nas rádios gospel por muitas semanas. Os convites não paravam de chegar. Sua carreira ia de vento em popa, mas ela aprendera que a maior riqueza é viver em comunhão com Deus. Ele, e só Ele, jamais a decepcionaria.

Olívia passou a dar palestras, baseadas em toda a experiência e sofrimento pelo qual passara, ajudando, assim, muitas outras mulheres a romperem o silêncio e a não caírem nas mesmas armadilhas.

Ela literalmente tirou da fraqueza força e, da tristeza, alegria. Olívia se tornou uma mulher madura, forte e confiante. Ela descobriu sua missão e o propósito para o qual foi criada. Afinal, a decisão de dar a volta por cima e de prosseguir com a vida era algo que só ela poderia tomar. Literalmente se esqueceu das coisas que ficaram para trás e partiu em direção ao seu alvo.

Alexandre, por outro lado, parecia ter se enrolado com seus negócios. Dívidas começaram a se amontoar e credores batiam em sua porta. Descobriu-se que ele realizava transações de maneira duvidosa, e não demorou muito para que alguém o denunciasse às autoridades. A última notícia que Olívia teve é que ele havia sumido e que ninguém sabia do seu paradeiro.

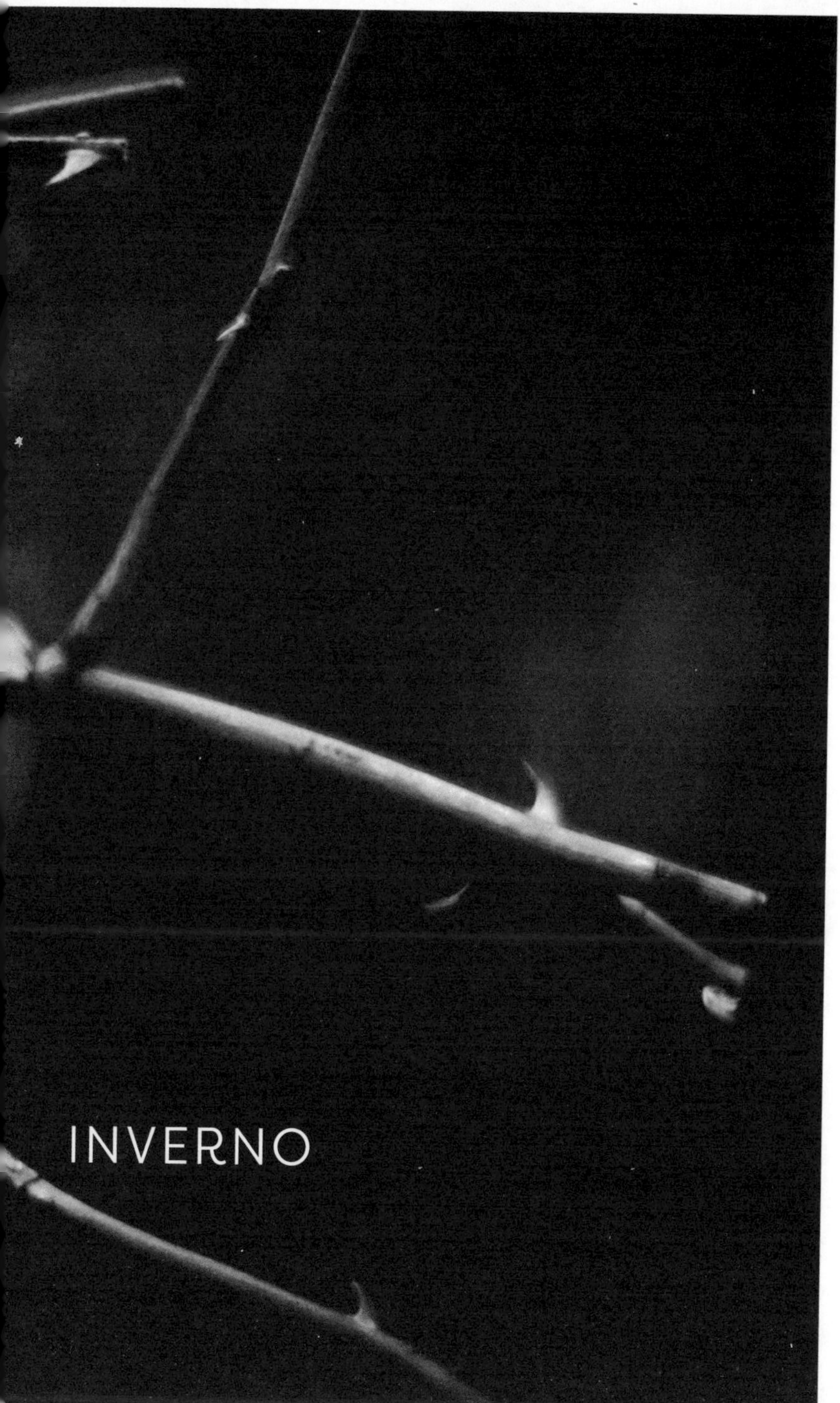
INVERNO

CAPÍTULO 1: ANJO

"Foi o tempo que dedicastes à tua rosa que fez tua rosa tão importante." - Antoine de Saint-Exupéry

Ingrid fechou o zíper do seu casaco e enrolou o cachecol no pescoço! Calçou as botas e as luvas. O serviço metereológico prometia temperaturas muito baixas para os próximos dias. Havia possibilidade de geadas e as estradas estavam muito escorregadias. Contudo, ela precisava sair aquela noite, pois era seu plantão no hospital da pequena cidade do extremo sul do país, onde viveu por toda a sua vida.

De família de origem alemã e bem numerosa, Ingrid era a filha do meio. Era uma moça alta e esbelta. Tinha um olhar doce e um sorriso meigo. Ela se formou em enfermagem e amava sua profissão. Os pacientes a chamavam de "Anjo", já que, além da beleza de sua juventude, de seus olhos verdes e cabelo loiro, tratava a todos com muito amor e dedicação.

O diretor do hospital estava sendo substituído pelo dr. Rogério Fróes, especialista em cardiologia, vindo da cidade grande. Era um homem divorciado, sem filhos, de cabelos grisalhos e muito charmoso.

Antes de começar o plantão, Ingrid e todo o *staff* do hospital foram apresentados ao novo diretor em uma pequena reunião. O dr. Rogério observou todos, mas por algum motivo se deteve em Ingrid. O sorriso malicioso no rosto dele a incomodou, mas ao mesmo tempo a fez se sentir especial.

Ingrid trabalhou a noite inteira, colocando soro, medindo pressão, ministrando a medicação, animando, consolando... Parecia que nenhum dos pacientes conseguia dormir no seu plantão. Havia sempre um chamando pela campainha. Às vezes, era apenas para ter sua companhia ou ouvir sua voz carinhosa. Às 3 da manhã, ela estava exausta. Foi para o quartinho de descanso, obrigatório por lei, tirar um cochilo de duas horas. Voltou ao seu plantão que só terminaria às 9 horas. Ajudou a dar banho em alguns pacientes, retirou comadres e papagaios, tirou sangue para exames... Enfim, foram mais quatro horas intensas.

Quando seu plantão de 12 horas terminou, foi de quarto em quarto se despedir de seus pacientes e lhes dar palavras de encorajamento. Todos se lamentavam de que só a veriam novamente em 36 horas.

CAPÍTULO 2: ESTRANHO

"Acautelai-vos que ninguém vos engane..." - Jesus Cristo

Ingrid passou na lanchonete do hospital para tomar um chocolate quente antes de voltar para casa. A bebida aquecida ajudaria, já que a temperatura do lado de fora do hospital estava abaixo de zero.

Ela vestiu o casaco e todos os seus acessórios de inverno e foi em direção ao estacionamento. Percebendo que um carro vinha devagar em sua direção, ela parou. Em vez de passar, o carro parou ao lado dela. Ela ficou surpresa ao ver que o novo diretor do hospital estava na direção.

– Ingrid, você precisa de carona? – perguntou ele, através de um palmo da janela do carro aberta.

Assustada, ela agradeceu e disse que seu carro estava estacionado logo adiante.

– Vi pela sua ficha que você mora no caminho de minha casa – insistiu ele. – Quando precisar de carona, é só falar. Bom descanso! – Com aquele mesmo sorriso, ele fechou a janela do carro e prosseguiu para a saída do estacionamento.

Ingrid achou aquilo tudo muito estranho, pois o último diretor mantinha distância e mal sabia o nome das enfermeiras – e, pelo que ela sabia, ele nunca passou a noite toda no hospital.

Ela pensou naquele incidente enquanto voltava para casa. Na verdade, passou muitos dias pensando naquilo. Aquele cabelo grisalho e o sorriso malicioso a incomodavam, mas também a atraíam. Por que ele havia olhado a ficha dela? Será que havia feito o mesmo com as outras enfermeiras?

"Não somos responsáveis pelas emoções, mas sim pelo que fazemos com elas." - Jorge Bucay

Os plantões se sucediam normalmente e vez ou outra Ingrid se deparava com o diretor, sempre muito educado e gentil. Ele a cumprimentava, segurando-lhe a mão com firmeza e mais demoradamente do que o costume. Perguntava como ela estava e se tinha alguma queixa. Ingrid continuava incomodada e atraída com aquele comportamento.

Semanas se passaram e Ingrid percebeu, com relutância, que sentia falta do sorriso do diretor. Por onde ele andava? Constrangida para perguntar à enfermeira-chefe, soltou um comentário com sua colega mais próxima.

– Parece que o hospital está sem diretor novamente.

– Você não sabia que ele está em um congresso no exterior? – respondeu a amiga.

Ingrid ficou perturbada com os sentimentos em seu peito e os pensamentos em sua mente. Há muitos anos que ninguém mexia tanto com suas emoções como o dr. Rogério! O terreno das emoções era para Ingrid um local muito delicado e que lhe causava angústia e medo.

CAPÍTULO 4: TERRÍVEL FLASHBACK

"Nunca despreze uma pessoa deprimida... a depressão é o último estágio da dor humana." - Augusto Cury

O Natal estava se aproximando e, como bons alemães de origem cristã, a numerosa família de Ingrid começava a fazer os preparativos para a celebração no sítio da avó materna.

Todos os anos, primos, primas, tios e tias se reuniam em uma grande confraternização. Cada ramo da família se encarregava de preparar algum prato e assim ninguém ficava sobrecarregado. Era uma festa muito bonita, cheia de alegria e lindas decorações. Porém, Ingrid sentia um frio na barriga toda vez que se deparava com o tio Max, irmão de sua mãe. Ela não sabia explicar o motivo, mas o evitava o máximo que podia.

Naquele ano em especial, o tio Max parecia bem debilitado. Recebia carinho e atenção de todos, principalmente da mãe de Ingrid, sua irmã. Mesmo assim, Ingrid não conseguia se aproximar dele. Na verdade, sentia raiva da mãe e não sabia por quê. Aquele sentimento a atormentava.

Ingrid percebeu que outra prima também se manteve afastada.

– Ele merecia sofrer muito mais pelo que me causou! – desabafou a prima com Ingrid.

– O que você quer dizer, Hanah? – perguntou Ingrid?

– Você não lembra como ele nos forçava a apalpá-lo e também fazia o mesmo com a gente?

Como um terrível *flashback*, Ingrid se lembrou de tudo.

O tio Max morava na mesma casa de Ingrid. Cada vez que sofria o abuso, ela sentia um enorme desconforto misturado ao afeto que sentia pelo tio, que a mimava e em quem ela tanto confiava. Ingrid não conseguia entender o que estava acontecendo. Ele sempre dizia para ela não contar nada para ninguém, pois aquelas "brincadeiras" eram um segredo dos dois e, se ela contasse, ele deixaria de gostar dela.

Sentiu náusea ao reviver aquelas cenas. Lembrou também que contou tudo para a mãe, que disse a ela que aquilo não passava de um pesadelo, que nada daquilo tinha acontecido. Ingrid era apenas uma criança que ainda brincava de boneca e, como toda criança, era dependente por natureza. A placa protetora de uma criança é a mãe, só que a dela não cumpria esse papel de protetora.

Durante anos, ela carregou a culpa de não gostar do tio e sentir uma distância da mãe. Após esses episódios, Ingrid, que era uma menina sorridente, alegre e que amava brincar, mudou de comportamento. Ela se trancava no quarto e chorava muito. Passou a não se alimentar direito e quase não falava. Foram sentimentos difíceis para uma menina lidar.

Como não conseguia se defender da situação que a atormentava, começou a se boicotar, se tornando apática. Todos os distúrbios de Ingrid na adolescência eram a expressão dos conflitos psicoafetivos que vivenciara com o tio e da postura ausente da mãe.

O tempo se encarregou de engavetar tudo no subconsciente, mas as palavras da prima trouxeram tudo à luz novamente. O fato de ter sido abusada pelo tio foi incompatível com seu ego, que não foi capaz de assimilar tanto sofrimento.

Para sobreviver sem esse fantasma, a psique de Ingrid desenvolveu uma defesa organizada pelo recalque. E o afeto desprazeroso se transformou em um sintoma de angústia, em uma tristeza profunda que gradualmente conduziu à depressão.

Adulta, compreendia que a mãe defendera o irmão com medo do que o pai faria se soubesse. Mas nem tal entendimento fez com que a tristeza que ela sentia com relação a sua mãe diminuísse. Como poderia uma mãe permitir tamanha tortura psicológica a uma inofensiva criança? Foram anos de angústia e de uma adolescência conturbada.

Naquele momento, todo o período de profunda depressão fez sentido. Ela tinha apenas 13 anos e havia perdido a alegria de viver. Amigos e familiares não compreendiam a tristeza da menina. Como era possível alguém que tinha tudo do bom e do melhor se sentir deprimida? E alguns mais próximos insistiam que Ingrid precisava ir a um psicólogo para fazer terapia, mas a mãe resistia à ideia, com receio que viesse à tona o segredo guardado a sete chaves, dizendo que não acreditava em terapia. Então, Ingrid teve de ser internada às pressas por ter perdido o contato com a realidade e não se alimentar mais devido à depressão profunda.

O psiquiatra, dr. Maurício, começou com um tratamento de eletrochoque e remédios controlados para retirá-la do quadro que se encontrava. Ingrid ficou um bom tempo no hospital, e, durante o período de recuperação, fez amizade com uma enfermeira muito carinhosa chamada Vânia, que se dedicava a Ingrid de forma bondosa e generosa. Ela era otimista e todo dia contava histórias de fé e de superação para a adolescente, sempre com um viés motivacional. E as atitudes daquela enfermeira a ajudaram a se reerguer. Ingrid refletiu muito como era importante ter uma missão na vida e decidiu ser enfermeira para cuidar da dor dos outros e assim, quem sabe, amenizar a sua.

Ingrid sempre teve dificuldade na área sentimental. Era como se ela se sentisse travada. O recalque permanecia, só que somado a uma fobia de se relacionar com o sexo masculino. Foram muitos os rapazes que se aproximaram dela e ela até namorou alguns, mas quando o contato físico ficava um pouco mais íntimo, ela sentia uma repulsa e terminava o namoro. E, por isso, ela se dedicava tanto ao seu trabalho no hospital.

"Sede sensatos e vigilantes. O diabo, vosso inimigo, anda ao redor como leão, procurando oportunidade para te devorar." – 1 Pedro 5:8

Era novamente o dia de plantão e Ingrid chegou ao hospital uma hora mais cedo, pois queria organizar a farmácia, que estava bem bagunçada há algumas semanas. Assim que entrou o hospital, deu de cara com o diretor. Seu coração disparou e sua respiração ficou ofegante. O dr. Fróes percebeu e pareceu se divertir com a situação. Com seu sorriso malicioso, ele a cumprimentou longamente. Disse que tinha um assunto para tratar com ela e pediu que comparecesse ao seu escritório imediatamente, pois sabia que ela estava adiantada para seu plantão.

Ingrid acompanhou o diretor até o escritório dele, que ficava no segundo andar do pavilhão 3. Era uma sala aconchegante com um sofá e duas poltronas. Havia uma mesinha de centro sobre um tapete persa e um abajur na mesinha lateral. Ao fundo tinha uma escrivaninha de madeira sólida com um laptop aberto. A temperatura da sala era agradável graças ao termostato.

O dr. Fróes a convidou para sentar no sofá e, para a sua surpresa, ele se sentou ao lado dela. Aquela atitude ligou o sinal de alerta e instintivamente Ingrid se afastou. O médico ficou um pouco irritado com aquela atitude, e também mais determinado a conseguir o que queria.

Então, ele decidiu usar outra tática. Entendeu que Ingrid não era como as outras, que ficavam fascinadas só pela sua posição de diretor.

– Tenho visto a sua dedicação ao trabalho e aos pacientes. – falou ele, levantando-se e fingindo estar preocupado com o hospital. – Queria saber o que podemos fazer para melhorar ainda mais o nosso atendimento. – Ele mentiu ao dizer que estava fazendo aquela enquete com todos os enfermeiros e demais funcionários. Ingrid relaxou com o comentário e baixou a guarda. Era tudo que ele queria.

O diretor precisava ser paciente e convincente. Então, começou a criar eventos beneficentes no hospital para conquistar a confiança de Ingrid. Ela se dedicou por completo em todos os eventos e passou a ter uma grande admiração pelo diretor. Ela já ria sem reservas de suas piadas e se sentia muito à vontade ao seu lado. Foi com muita naturalidade que ela aceitou um convite para comemorar o sucesso do último evento com um jantar.

Foram a um restaurante na descida da serra. Ficava na encosta de uma grande montanha e, como era noite de lua cheia, a vista do vale era deslumbrante. O local era pequeno, mas acolhedor. Todas as mesas eram iluminadas com luz de velas. Uma música suave envolvia o ambiente e a comida era fenomenal. Tudo parecia muito inocente e verdadeiro. Ingrid sonhava que o relacionamento deles atingisse uma nova fase, pois até então eram apenas amigos. Mal sabia ela que ele já tinha tudo planejado.

O jantar transcorreu em um clima leve e agradável. Ingrid estava completamente à vontade. O vinho dera a ela a desinibição que não lhe era normal, fazendo com que ela se expusesse demais. O dr. Fróes incentivou. Até que ambos se deram conta de como estava tarde e que eram os últimos clientes do restaurante. Ele pediu a conta e os dois saíram de braços dados, pois Ingrid estava um pouco tonta e trocando as pernas por causa da bebida.

Eles entraram no carro e, antes de dar partida, o diretor segurou a cabeça de Ingrid e lhe deu um terno beijo nos lábios. Ela não reagiu, e ele percebeu que o caminho estava aberto.

"Qualquer pessoa pode ser modificada para melhor se ela assim se propuser." - Karen Horney

Começaram a subir a serra, fazendo o caminho de volta, quando o painel de gasolina acendeu. Não haveria combustível suficiente para chegar ao posto mais próximo, que ficava na entrada da cidade. Como que por "coincidência", havia uma placa com uma seta e os seguintes dizeres: POUSADA ESCONDIDINHO DA SERRA.

O dr. Fróes disse que era mais seguro ir até a pousada e ver se conseguiam alguns litros de gasolina. Na recepção, encontraram um senhor de meia idade que os atendeu de maneira curiosa. Parecia que ele os esperava, mas o vinho deixara Ingrid tonta e ela não quis dar asas à imaginação.

Ela se sentou na poltrona da recepção enquanto os dois cochichavam no balcão. Levou um susto quando descobriu que teriam que passar o resto da noite ali porque só na manhã seguinte haveria alguém para subir a serra e buscar a gasolina necessária. Levou um susto ainda maior quando soube que só havia um quarto disponível.

O dr. Fróes a tranquilizou, dizendo que seriam apenas algumas horas. Eles descansariam, abasteceriam o carro e voltariam para a cidade. Ingrid tentou avisar a família, mas o sinal do celular era fraco naquela região. Ela não se preocupou muito, porque às vezes precisava dobrar o plantão no hospital e a sua família já estava acostumada com isso.

Quando entraram no quarto, Ingrid percebeu que o lugar tinha sido preparado com cuidado. Sobre a mesinha de centro havia um lindo jarro com flores frescas, uma garrafa de *prosecco* e duas taças. E também uma caixa de bombons finos. Dois roupões brancos estavam cuidadosamente dobrados sobre a cama, com dois chinelos atoalhados. Os lençóis eram dos mais finos, provavelmente de algodão egípcio. Os grandes travesseiros pareciam estar de braços abertos, convidando-a a se deitar.

O dr. Fróes sugeriu que ela tomasse um banho e colocasse o roupão para poder descansar melhor. Como se sentia exausta, ela seguiu o conselho dele. Enquanto isso, o diretor apagou as luzes, deixando apenas a do abajur. Selecionou no seu celular uma coleção de músicas românticas e as deixou tocar suavemente.

Quando Ingrid saiu do banho, recebeu de Fróes uma taça da bebida. Eles se sentaram na beira da cama e começaram a beber e rir da situação. Ele, percebendo que as coisas caminhavam como o previsto, passou a mão no cabelo dela e disse o quanto ela era linda. Beijou o pescoço dela e sussurrou em seu ouvido algo que fez o corpo dela se arrepiar. Quando deu por si, ela estava deitada na cama com aquele homem por cima dela. Não foi uma experiência boa – na verdade, doeu muito. Vendo-o, logo em seguida, roncando ao seu lado, ela se sentiu usada. Contudo, se dispôs a fazer aquele relacionamento dar certo. Afinal, ele foi o primeiro.

CAPÍTULO 7: UM MONSTRO

"O que as vitórias têm de mau é que não são definitivas. O que as derrotas têm de bom é que também não são definitivas." - José Saramago

Poucas horas depois do amanhecer, alguém bateu à porta. Era o rapaz com a gasolina. Ingrid e o dr. Fróes ainda estavam muito sonolentos, mas ela esperava que toda a gentileza da noite anterior perdurasse. Ledo engano! Ele parecia outro homem: bruto, impaciente e grosseiro.

Mandou que ela se arrumasse logo, porque ele não poderia esperar muito tempo. Subiram os 23 quilômetros de serra em um silêncio sepulcral. Ele dirigia acima do limite de velocidade e, em cada curva, Ingrid fazia uma oração. Parecia que ele queria se livrar dela o mais rápido possível.

A dor que ela sentira na adolescência se agigantou em seu peito e ela explodiu em um choro convulsivo – o que só irritou ainda mais o diretor, que passou a dizer as piores coisas que uma mulher pode ouvir.

Ele a deixou no estacionamento do hospital, onde estava o carro dela. Assim que ela desceu, ele acelerou e fez a curva, desaparecendo. Estraçalhada e sem entender nada, Ingrid entrou no carro e chorou por mais uns quinze minutos. Ela se sentia vítima de um monstro.

Nas semanas seguintes, ela não o viu. Ele a evitava a todo o custo. Certo dia, ela o viu conversando com outro médico.

Sem que ele a notasse, Ingrid conseguiu ouvir um pouco da conversa.

– ...no dia seguinte eu não aguentava olhar para a cara dela. É como você disse, na ida para o motel, são todas lindas e maravilhosas, mas na volta...

Ingrid sentiu uma pontada na boca do estômago e precisou correr para o banheiro. Lá, ela chorou até perder as forças. Uma enfermeira entrou no banheiro e, vendo-a naquele estado, perguntou o que estava acontecendo. Ingrid mentiu e disse que precisava ir para casa, pois estava com problemas na família. Pediu à amiga para cobrir o seu plantão. Foi até a enfermeira-chefe e repetiu a mentira. Disse que não sabia quando poderia estar de volta.

"Agora, pois, permanecem a fé, a esperança e o amor. Porém o maior desses é o amor." - Apóstolo Paulo

A família de Ingrid não conseguia entender o que estava acontecendo. Ela se trancou no quarto e mal saía para beliscar alguma coisa ou tomar banho. O quadro de depressão se instalava mais uma vez naquela jovem.

Por incrível que pareça, a notícia do falecimento de seu tio foi recebida por ela com um sorriso de alívio. Sua mãe, então, percebeu o porquê da amargura de sua filha. Com muito jeito, pediu perdão à filha e disse que temia uma tragédia caso o pai soubesse naquela época. Ela precisava que Ingrid a perdoasse por todo o sofrimento que causara.

Com cada palavra da mãe, Ingrid sentia como se um peso enorme saísse de cima de seus ombros. Ela percebeu que a mãe também fora vítima daquela situação e que, embora tivesse optado pela atitude errada, havia tentado preservar a família.

Mãe e filha se abraçaram e choraram convulsivamente por algum tempo. Foi uma catarse para ambas. Ingrid aproveitou o momento para libertar todos os seus fantasmas, inclusive o que aconteceu com o dr. Fróes. Em nenhum momento dona Olga acusou ou condenou a filha. Ela ouviu em silêncio todo aquele sofrido desabafo. Ao final, ambas estavam exaustas, mas em paz. Elas sepultaram de uma vez por todas as tristezas e dúvidas do passado.

CAPÍTULO 9: ROMPENDO O SILÊNCIO

"É parte da cura o desejo de ser curado." – Sêneca

Durante o tempo de isolamento, Ingrid mergulhou no mundo virtual. Procurou histórias semelhantes à sua, até que encontrou a de uma famosa apresentadora negra norte-americana. Com aquele depoimento, aquela mulher não poderia imaginar o bem que traria a tantas outras mulheres. Em um ato de bravura, ela rompera o silêncio e relatou para o mundo que fora abandonada pelos pais e que sofrera uma série de abusos sexuais na infância e adolescência. Ela sofreu muito, mas descobriu ter duas escolhas: usar a dor para o fracasso de seus sonhos ou usá-la para o sucesso deles. Ela se decidiu pela segunda opção. Não foi fácil e o caminho foi árduo. As pedras encontradas pelo caminho foram usadas como degraus, e ela acabou alcançando prestígio, honra, respeito e admiração de pessoas de todo o mundo. A sua triste experiência se transformou em uma missão para ajudar outras pessoas.

Saber aquilo inspirou Ingrid. Ela percebeu que muitas outras mulheres sofriam caladas e solitárias situações semelhantes à dela e resolveu parar de sentir pena de si mesma e dar a volta por cima.

Nos dias seguintes, Ingrid se mostrou mais animada e resolveu encarar novamente o trabalho. Com o apoio da família, sentia-se forte para prosseguir com a vida. Ficou mais aliviada ainda quando soube que o dr. Fróes fora transferido enquanto uma investigação começava, porque havia suspeitas de desvio de verbas sob a sua administração. O hospital ficou sem diretor por algum tempo, até que a dra. Ivany Soares, neuropediatra, chegou para ser a nova diretora.

Sob a nova direção, o hospital se humanizou muito mais. Não só os pacientes e acompanhantes perceberam, mas também todos os funcionários do hospital. Havia uma disposição e alegria no ar que fizeram com que Ingrid voltasse a sonhar com dias melhores para a sua vida.

Enquanto isso não acontecia, o "Anjo" se dedicava como nunca aos seus pacientes, além de fazer palestras para mulheres. Ela conheceu tantas histórias tristes que resolveu escrever um livro. O retorno das leitoras não poderia ter sido melhor. Pouco tempo depois, Ingrid era convidada a palestrar em outras cidades e estados.

"...e da fraqueza, tiraram forças, e da tristeza, alegria."

Por que esta relação entre o que fere e o que aceita ser ferido? Qual o fio, qual a corrente invisível tão tênue, mas tão forte, que une duas personalidades doentias? O que é esse traço de personalidade que faz com que muitas mulheres aceitem se submeter a uma situação de estagnação, de sensação de fim do túnel, de solidão e de desesperança? Por que algumas mulheres engolem a seco o que a vida lhes oferece e se submetem a todo tipo de tortura psicológica e clausura emocional somente para terem uma companhia? Por que fazem e aceitam qualquer coisa para agradar o inimigo com quem elas dormem? Uma escolha errada de parceiro pode gradualmente destruir a autoestima dessa mulher até reduzi-la a uma presa obcecada pelo homem que chamava de seu, que a esmagava e a fazia sofrer. Um sofrimento sem fim que a fazia viver em permanente martírio, e ela, tão frágil, nem percebia. Ficou portadora de um coração aleijado.

Patrícia foi educada pela mãe como se a vida fosse um conto de fadas, em que a princesa se casaria com o príncipe no final. Como se o mundo todo fosse bom. Jamais houve uma conversa aberta entre elas, fosse sobre a vida, sobre relacionamentos, sobre os perigos e as armadilhas da caminhada. Tudo era tabu para a mãe. Nada era falado. Assim, Patrícia cresceu sem estar preparada para as ciladas que surgem na estrada e extremamente dependente da mãe, que supria todas as suas necessidades e resolvia qualquer problema que surgisse. A superproteção é nociva, porque instala na pessoa uma zona de conforto, na qual ela tem apenas uma sensação de independência, quando de fato é superdependente. E quando precisou alçar seu próprio voo, Patrícia se viu insegura e fraca.

Vera era o oposto. Independente, criou uma carcaça quando teve uma grande decepção amorosa. Decidiu que nunca mais amaria outra pessoa. Pelo medo do abandono e para se proteger das más notícias que pudessem atingi-la na vida, tomou uma decisão: nunca mais sofrer, mesmo que isso significasse ter uma vida superficial. Quem sabe ficar sozinha para sempre? Só que como na sua essência era uma alma romântica, apaixonada, carregada de emoção e sensibilidade, transferiu esse sentimento exacerbado para a internet, tornando-se adicta virtual. Quando conheceu um admirador, não ouviu a sua voz interior.

Olívia amadureceu rapidamente e se tornou responsável pelas obrigações domésticas. Nem pôde processar o luto pela perda de sua mãe. Pulou uma etapa da vida na qual deveria brincar de bonecas para assumir o papel de dona de casa. Mas existia um vácuo na sua alma que clamava por atenção, por carinho, por proteção. Sua autoestima era quase que inexistente. Quando ficou grávida do seu primeiro amor, foi submetida a um aborto sem saber – sua alma e seus sonhos foram assassinados.

Ingrid sofreu grandes danos psicológicos porque sua mãe não a protegeu do abuso sexual do tio. Pelo contrário, autorizou veladamente. Quando mais tarde se envolveu afetivamente, caiu em uma armadilha. No início do romance, certos sujeitos se mascaram como o melhor dos indivíduos, como a alma gêmea, para atingir o seu objetivo. Só que, com o tempo, a verdadeira personalidade e o caráter são revelados.

Todas as personagens do livro se enganaram em relacionamentos com o sexo oposto por ingenuidade. Eram escravas da emoção e não da razão. Em consequência, elas se envolveram com um parceiro errado. Em geral, o ser humano tem uma voz interior, popularmente chamada de intuição, que detecta no primeiro encontro se a pessoa serve ou não. Se é problema ou não. Portanto, na minha visão, Patrícia, Vera, Olívia e Ingrid simplesmente não deram ouvidos a essa voz. Faltava nelas a busca pelo autoconhecimento. Talvez por alguma culpa do passado, se sabotaram para justamente passar pelo sofrimento. Gosto muito de uma frase que diz: "Não adianta culpar o vento pela desordem, se foi você quem deixou a janela aberta."

Muitas sobrevivem e permanecem em uma relação doentia, mesmo não sendo respeitadas nem amadas, e até mesmo sendo maltratadas. A carência fala mais forte e abafa a razão, criando uma "história" que elas vivem como real. Acreditam que o seu parceiro vai se transformar, que tudo não passa de um momento passageiro, apesar de durar uma vida inteira de sofrimento e dor.

Mulheres que preferem se submeter ao sofrimento têm um tipo de personalidade bastante frágil. Muitas vezes, o homem chega, capta essa fragilidade e inicia um jogo estratégico para seduzi-la. Ele passa a suprir todas as necessidades dessas mulheres. Ele dá corda e depois PUXA. Quando elas percebem a artimanha, já é tarde. Já estão presas, emocionalmente dependentes de seus carrascos. Às vezes, é uma repetição do padrão familiar, um modelo em que a parceira se condiciona por "imitação" e age como se fosse "normal" viver sob maus tratos.

E essas mulheres costumam fazer ameaças verbais de que vão abandonar os parceiros e jamais o fazem, mesmo agredidas. Raramente deixam o algoz. Procuram desculpas e acabam permanecendo na situação de vítimas. Carregam uma culpa tão grande, pois no seu íntimo sabem que não são amadas. Sofrem, ficam doentes, se desesperam, mas não perdem a esperança de ver o companheiro cruel se transformar no príncipe encantado. Acreditam que o amor que sentem pelo sujeito é tão grande que é capaz de mudar o comportamento do ser amado. Perdem toda uma vida por uma dependência emocional.

Muitas vezes são crianças escondidas em um corpo de mulher. Caem em uma armadilha por uma cegueira psicológica e pelo medo de ficarem sozinhas. Permanecem em um relacionamento conturbado e doentio. Muitas vezes, buscam a nível inconsciente reproduzir os conflitos vivenciados na infância. Portadoras de uma autoestima dilacerada, de um sofrimento crônico e de um nível de angústia gigantesco.

Apesar das quatro personagens terem personalidades diferentes, em todas existe a boa-fé, a ingenuidade, a falta de amor próprio.

As vivências pessoais e as programações mentais provocaram as escolhas erradas. Uma relação perigosa é aquela que age na vítima de forma silenciosa, invisível, sub-reptícia e, como uma metástase, destrói a alma, a autoestima, a motivação, os sonhos, o centro da pessoa. Aniquila o olhar e as opiniões, vai se alastrando até modificar de vez o comportamento, a personalidade, a vida pessoal.

Neste livro, todas foram capazes de se readaptarem a novas circunstâncias e assim conseguiram sobreviver, dando um novo rumo às suas vidas.

Em psicologia, a resiliência é a capacidade de uma pessoa lidar com problemas, superar obstáculos, adversidades, e se reconstruir na vida apesar de situações difíceis.

Para mudar é necessário ter muita perseverança, muita fé no Criador e muita garra. Às vezes, ajuda para dar, sobretudo, o primeiro passo. A conscientização da necessidade de mudança, o rompimento das resistências, o fortalecimento da autoestima, uma reeducação afetiva e a programação de um futuro saudável são passos fundamentais para a cura da alma ferida.

Com amor,
Eliana Ovalle

Querido leitor, você acabou de ler uma obra de ficção, mas com certeza se identificou com alguma situação, simplesmente porque todas foram extraídas de casos reais.

Todo relacionamento humano, seja entre homem e mulher, pais e filhos, patrão e empregado ou até entre amigos, é permeado de conflitos. Contudo, nem todo conflito é destrutivo. É na adversidade e na contrariedade que crescemos como seres humanos. Precisamos de provocação para termos uma reação. É assim que ensinamos nossos filhos a andar e a vencer obstáculos.

Todavia, há conflitos que enfraquecem e até deprimem, porque algumas pessoas não encontram dentro de si forças para enfrentar o outro. Elas acabam se acanhando e se sentindo cada vez mais inferiores. Gostaria de dar um conselho aos abusadores, mas receio que não darão ouvidos devido ao seu orgulho e à sua prepotência. Então, me dirijo a você que se sente violentado nos seus direitos e opiniões: Você pode virar o jogo! Sem violência e sem falta de respeito. Sabe como? Sendo exatamente quem você é!

Quando Deus nos criou, nos fez únicos. Isso significa que nosso valor é incalculável, pois uma mercadoria se desvaloriza na medida em que ela é replicada. Um quadro, por exemplo, é uma obra única e seu valor excede em muito ao de uma gravura que já foi reproduzida milhares de vezes. Não faz sentido uma pessoa ser igual à outra e perder a sua identidade. Nós somos uma obra de arte única e, portanto, temos MUITO valor. Se o Artista que nos criou nos valoriza, por que nós vamos nos desvalorizar?

A boa notícia é que, quando você toma verdadeiramente posse desta realidade, deixa de se sentir inferior e passa a ter uma atitude de vencedor. Não importa a sua classe social, condição acadêmica, idade ou raça. Você é único e ponto final.

Agora, com essa descoberta, não pode cair na armadilha daquele que o oprimia. Não! Você deve entender que ele também é único e o respeita como tal. Mas o legal é que você aprendeu a se respeitar. Afinal, o próprio Deus nos respeita. Ele nos deu o livre-arbítrio. Respeitar não significa sempre concordar, pois somos seres pensantes e, como tais, temos nossas próprias opiniões. Assim como queremos ser respeitados, precisamos aprender a respeitar o outro. O respeito é a base de toda e qualquer relação.

Em nossa obra de ficção, *Relações perigosas*, abordamos muitos tópicos, mas podemos dizer que todos são superados com o segundo grande Mandamento: Amarás ao teu próximo como a ti mesmo. E amar significa respeitar.

Muito obrigada!

Sylvia Jane Crivella

impressão	*Maio de 2017*
papel de miolo	*Pólen Soft 70g/m^2*
papel de capa	*Cartão Supremo 250g/m^2*
tipografia	*FFScala e Filson Pro*
gráfica	RR Donnelley